أبي

اللهم ارحم ابي واجعل المسك ترابه والحرير
فراشه واجعل قبره روضة من رياض الجنة
واغفر له وارحمه برحمتك يآارحم الراحمين

Publics concernés par cet eBook

Cet eBook peut intéresser plusieurs populations IT, notamment :

→ DSI

→ Responsable Technique /Infrastructure

→ Architecte Infrastructure

→ Consultant Infrastructure

→ Chef de Projet Technique

→ Ingénieur Systèmes /Réseaux

→ Administrateur Systèmes /Réseaux

→ Technicien de Support /Systèmes /Réseaux

→ Toute personne désirant concevoir, déployer et administrer AppLocker 2016

Connaissances souhaitables

Aucune connaissance technique particulière n'est requise, en revanche les connaissances techniques suivantes sont souhaitables :

→ Administration de Windows Server 2008 R2, 2012 ou 2012 R2

→ Gestion et Administration de Windows 7, 8/8.1 ou 10

→ Création et gestion des Règles SRP (Software Restriction Policies) de Windows Server 2003 ou 2008 /2008 R2

→ Création et gestion des Objets de Stratégie de Groupe (GPO)

Ce dont vous avez besoin pour cet eBook

Pour réaliser les différents ateliers pratiques décrits dans cet eBook, vous aurez besoin des images d'OS et logiciels suivants :

→ Windows Server 2016 (Edition Datacenter ou Standard)

→ Windows 10 (Edition Entreprise)

→ Microsoft Office 2016 (Standard ou Pro Plus)

→ Notepad++ v7.3.1

→ Portable Apps : WireShark, PicPick et Network Monitor

→ Script d'Audit AppLocker > http://urlz.fr/4FWp

Typographie

La typographie suivante est utilisée dans cet eBook :

 DECISION ou VALIDATION

 NOTE ou REMARQUE

 AVERTISSEMENT

 ACTION A FAIRE

 PARAMETTRE ou CONFIGURATION

Utilisation de Scripts et Codes

Si vous avez acheté cet eBook c'est pour achever un travail, projet, mission, tâche ou simplement monter en compétences sur la fonctionnalité AppLocker sous Windows Server 2016.

Notez que tous les exemples de scripts /codes et outils utilisés dans cet eBook peuvent être réutilisés dans vos programmes, vos documentations techniques, votre Blog ..., vous n'avez pas besoin de contacter l'auteur pour avoir les droits de reproduction.

Cependant, le lecteur est invité à citer la source (Nom de l'eBook, son ISBN, Nom Auteur, Plateforme de publication, Date de publication) si un ou plusieurs extraits de cet eBook sont reproduits sur un autre support (Site, Blog, Document technique...).

Contacter l'Auteur

Vos Feedbacks, commentaires et/ou questions techniques concernant cet eBook peuvent être envoyés à l'adresse suivante :

    feedbacks@becomeitexpert.com

TABLE DES MATIERES

Préface

Le volume et la variété de programmes malveillants augmentent d'une manière quotidienne, les développeurs de logiciels malveillants et éditeurs d'antivirus sont dans une interminable course aux armements.

Les auteurs de logiciels malveillants modifient en permanence le code de leurs programmes de sorte qu'ils ne soient pas détectés, et les fournisseurs d'antivirus mettent à jour leurs signatures quotidiennement afin de déceler les nouvelles variantes de logiciels malveillants.

Se défendre contre ces menaces en bloquant tous les logiciels et programmes malveillants connus est une technique connue sous le nom « **Blacklisting** », il s'agit d'une technique réactive qui ne peut évoluer avec l'augmentation du volume et de la variété des programmes malveillants.

Cette technique n'offre en effet aucune protection contre les programmes malveillants inconnus, de nombreuses attaques utilisent aujourd'hui des vulnérabilités inconnues, aussi connues comme des vulnérabilités "Zero-day", celles-ci ne peuvent être évitées via l'utilisation d'une technique de type "Blacklisting".

La technique « **Whitelisting** » permet, au lancement d'une application, de vérifier si elle figure sur une liste de programmes approuvés et, dans le cas contraire, d'empêcher son exécution.

Le principe d'une Whitelist (Liste blanche) procure plusieurs avantages :

* Une meilleure protection contre les programmes malveillants : en empêchant systématiquement l'exécution des programmes non répertoriés dans la liste, on bloque également ceux susceptibles de contenir un code malveillant, que ce dernier soit connu ou non des bases de signature de l'Antivirus

* Un blocage de l'installation ou de l'utilisation de logiciels indésirables, en particulier ceux qui sont susceptibles de ralentir ou de rendre instables une machine du réseau (Serveur ou poste de travail), et qui dans tous les cas augmentent la surface d'attaque d'une infrastructure système.

* Un blocage de l'installation ou de l'utilisation de logiciels sans licence. Sur un système à jour de ses correctifs de sécurité et respectant le principe de séparation des privilèges, l'activation des mécanismes de restriction logicielle augmente sensiblement la maîtrise des configurations.

Notez que Le « Whitelisting » est considérée comme étant la technique la plus protectrice, c'est la raison pour laquelle elle est privilégiée par rapport au « Blacklisting » et devient de plus en plus adoptée par les entreprises.

En règle générale, l'activation des mécanismes de restrictions logicielles n'engendre pas de ralentissement sur la machine, cette mesure est totalement transparente pour l'utilisateur du réseau.

Enfin, deux mécanismes de Restrictions Logicielles sont fournis avec les OS Windows (Client & Server) de Microsoft :

- ⇨ **SRP** : **S**oftware **R**estriction **P**olicies (à partir de Windows XP /Windows Server 2003)

- ⇨ **AppLocker** (à partir de Windows 7 /Windows Server 2008 R2)

A propos de cet eBook

Cet eBook décrit en détail la fonctionnalité Microsoft AppLocker de Windows Server 2016 ainsi que les concepts et composants que vous devez connaître et maîtriser pour implémenter correctement votre infrastructure AppLocker Windows Server 2016.

Les bonnes pratiques, techniques de design et les différentes méthodes de mise en œuvre sont également détaillées dans cet eBook.

Il fournit également aux IT en charge d'un projet d'implémentation d'AppLocker un aperçu sur les différents scénarios d'utilisation et non-utilisation de cette fonctionnalité.

Enfin, l'ouvrage repose sur la mise en place d'un projet « Real-World » de mise en œuvre d'AppLocker sous Windows Server 2016 pour sécuriser deux infrastructures Système Windows (Serveurs & Poste de travail), voir la section « Préparer votre sac-à-sable » pour en savoir plus.

Plusieurs outils et scripts développés par l'auteur sont fournis avec le présent eBook. Ces derniers peuvent vous aider à accélérer le processus de mise en œuvre pour tout futur projet AppLocker.

Chapitre1. Vue d'ensemble d'AppLocker

AppLocker, qu'est-ce que c'est ?

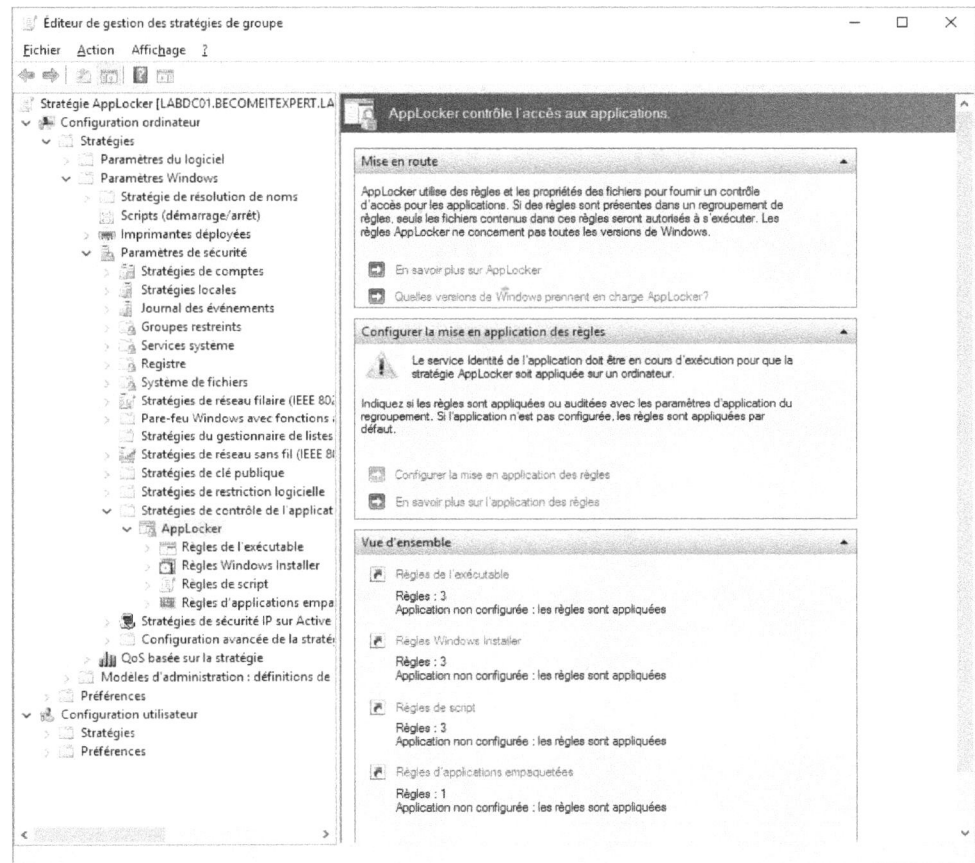

AppLocker est une fonctionnalité native dans les OS Windows (Client et Server), il permet de renforcer la sécurité du S.I en contrôlant comment les utilisateurs du réseau peuvent installer et exécuter les Programmes et Applications tels que les fichiers exécutables, fichiers Windows Installer, Applications packagées, Scripts ou encore les Bibliothèques de Liens Dynamiques (**DLL** : **D**ynamic **L**ink **L**ibrary).

AppLocker a été introduit avec Windows 7 et Windows Server 2008 R2, il représente une évolution des Stratégies de Restrictions Logicielles (**SRP** : **S**oftware **R**estriction **P**olicy) supportés sous Windows Server 2008 /Windows Vista et Windows Server 2003 /Windows XP.

Bien qu'AppLocker soit (techniquement) le successeur des stratégies SRP, les deux fonctionnalités peuvent être utilisées au niveau d'un même domaine Active Directory ou d'une même machine locale. De plus, AppLocker permet d'ajouter plus de finesse dans l'application des règles.

Pourquoi utiliser AppLocker ?

Les scénarios d'utilisation d'AppLocker peuvent être catégorisés de la manière suivante :

Inventaire des applications

AppLocker a la possibilité d'appliquer sa stratégie en mode d'audit uniquement où l'activité d'accès à toutes les applications est collectée dans des journaux des événements en vue d'une analyse plus approfondie. Des applets de commande Windows PowerShell sont également disponibles pour vous aider à comprendre l'utilisation des applications et l'accès aux applications.

Protection contre les logiciels indésirables

AppLocker a la possibilité de refuser l'exécution d'applications simplement en les excluant de la liste des applications autorisées par utilisateur ou groupe d'utilisateurs. Si l'application n'est pas identifiée spécifiquement par son éditeur, son chemin d'installation ou son hachage de fichier, la tentative d'exécuter l'application échoue.

Conformité aux licences

AppLocker peut fournir un inventaire de l'utilisation des logiciels dans votre organisation, afin que vous puissiez identifier le logiciel qui correspond à vos contrats de licence logiciel et restreindre l'utilisation des applications en fonction des contrats de licence.

Normalisation des Logiciels

Les stratégies AppLocker peuvent être configurées pour autoriser l'exécution des applications prises en charge ou approuvées sur un groupe d'ordinateurs uniquement (e.g : Laptop de commerciaux ou Dirigeants). Cela permet un déploiement plus uniforme des applications.

Amélioration de la facilité de gestion

Les stratégies AppLocker peuvent être modifiées et déployées via l'utilisation de GPOs existantes et peuvent fonctionner en association avec des stratégies créées à l'aide des Stratégies de Restriction Logicielle (SRP). Vous pouvez également concevoir des stratégies de contrôle de l'application pour les utilisateurs utilisant les mêmes machines (Ordinateurs ou Serveurs) du réseau.

Rappel sur les nouveautés et améliorations apportées à AppLocker Windows Server 2012 R2

La version d'AppLocker introduite avec Windows Server 2012 R2 apporte un lot de nouveautés, notamment :

- Capacité à créer et gérer des Stratégies pour les Applications Packagées
- Capacité à créer et gérer des Stratégies pour les Installeurs d'Applications Packagées
- Contrôle de tous les composants d'une App Packagée avec une seule et unique Règle
- Ajout de deux nouveaux formats de fichiers aux Types de fichiers pouvant être contrôlés par les Règles AppLocker :

  - **.MST** : fichier utilisé par Windows pour personnaliser les paramètres d'installation des Apps Windows Installer
  - **.APPX** (Package d'App Windows Store) : format de fichier associé aux Applications Packagées prêtes pour déploiement sur les OS Client : Windows 8 et ultérieur.

 Une Application Packagée est un Package contenant l'Application (fonctionnelle) ainsi que ses Scripts et ressources associées, le but étant de rationaliser la configuration et le déploiement logiciel

Nouveautés AppLocker Windows 10

Les nouveautés et améliorations suivantes ont été apportées à AppLocker sous Windows 10 :

- Un nouveau paramètre a été ajouté à la Cmd-Let PowerShell "New-AppLockerPolicy", il s'agit de "**-ServiceEnforcement**". Ce paramètre vous permet de choisir si le fichier exécutable et les regroupements de règles DLL concernent les processus non interactifs. Pour l'activer, saisissez -ServiceEnforcement suivi de la valeur **Enabled**

- ➹ Un nouveau fournisseur de services de configuration AppLocker a été ajouté pour vous permettre d'activer les règles AppLocker à l'aide d'un serveur GPM.

- ➹ Vous pouvez désormais gérer les appareils Mobile exécutant Windows 10 à l'aide du nouveau CSP AppLocker (Configuration Service Providers)

Fonctionnement d'AppLocker

AppLocker permet d'« AUTORISER » ou de « REFUSER » à un utilisateur (ou un groupe d'utilisateurs) le lancement de programmes sous différentes formes :

- ➹ Exécutables   : fichiers .EXE et .COM
- ➹ Windows Installer   : fichiers .MSI, .MST et MSP
- ➹ Scripts   : .PS1 (PowerShell), .BAT, .CMD , .VBS, .JS
- ➹ Bibliothèques   : .DLL et .OCX.
- ➹ Apps Packagées   : .APPX

Pour déterminer si un programme est autorisé à s'exécuter ou non, AppLocker évalue d'abord les règles du type « REFUSER » puis celles du type « AUTORISER ». Notez qu'il est possible de combiner des règles « AUTORISER » et « REFUSER ».

Pour une règle donnée, il peut aussi être défini une ou plusieurs exceptions. Lorsqu'un programme ne fait l'objet d'aucune règle du type « AUTORISER », il est automatiquement bloqué (refus implicite).

Lorsqu'un programme est bloqué par AppLocker, l'utilisateur en est informé par un message d'erreur du type : « **Ce programme est bloqué par une stratégie de groupe. Pour plus d'informations, contactez votre administrateur système** ». Ce message peut être personnalisé en modifiant le paramètre de stratégie de groupe suivant :

*Configuration Ordinateur -> Stratégies -> Modèles d'Administration -> Composants Windows -> Explorateur Windows **-> Définir le lien d'une page web de support.***

Ce paramètre peut être utilisé pour (par exemple) rediriger l'utilisateur du réseau vers l'ouverture d'un ticket d'incident.

Pour une meilleure lisibilité du comportement d'AppLocker, il est préférable de n'utiliser que des règles du type « AUTORISER » avec si nécessaire des exceptions

L'autorisation ou le refus d'exécution d'un programme est conditionné à la vérification de règles pour lesquelles trois types différents existent :

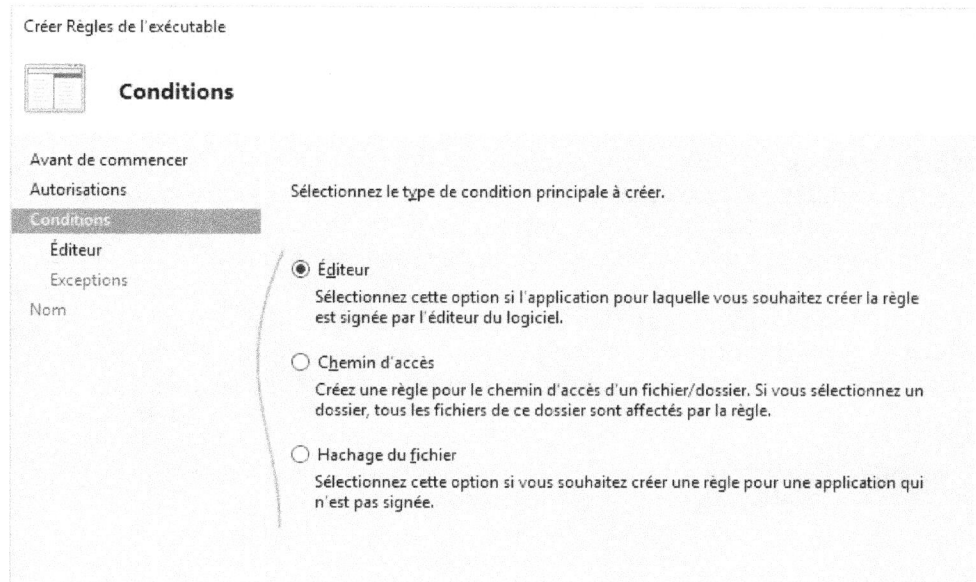

→ Les règles basées sur le **chemin d'accès [PATH]**, qui permettent d'autoriser ou de refuser l'exécution de fichiers se trouvant dans le répertoire et les sous-répertoires du chemin.

Pour désigner les répertoires classiques du système de fichiers, AppLocker utilise des variables qui sont différentes des variables d'environnement de Windows (voir **Les variables de chemin d'accès utilisées par AppLocker**)

⇨ Les règles basées sur une **signature électronique [PUBLISHER]**, permettent d'autoriser seulement les fichiers signés par un éditeur donné, et répondant éventuellement à d'autres critères comme le nom du produit, le nom du fichier et sa version

⇨ Les règles basées sur **l'empreinte cryptographique [HASH]** d'un fichier, qui n'autorisent que le fichier correspondant à l'empreinte.

Les règles basées sur le chemin d'accès offrent une grande souplesse, mais exigent en contrepartie la maîtrise dans le temps du contenu et des autorisations des répertoires associés afin de s'assurer que seuls des programmes légitimes peuvent s'y trouver. En général, la mise à jour d'un logiciel n'oblige pas à modifier les règles existantes.

Les règles basées sur une signature électronique obtenue à l'aide de certificats de confiance offrent quant à elles plus de sécurité et, selon leur configuration, une souplesse à géométrie variable. Les mises à jour des programmes sont en général transparentes.

Les règles basées sur des empreintes offrent le meilleur niveau de sécurité car elles n'autorisent que les fichiers correspondant à l'empreinte cryptographique. Par contre, lors de la mise à jour d'un logiciel, les règles doivent la plupart du temps être modifiées.

De façon analogue aux règles, les exceptions peuvent s'appliquer à un répertoire, à une signature électronique ou à une empreinte de fichier, et ce quel que soit le type de la règle auxquelles elles sont rattachées.

Lorsque cela est possible, il convient d'utiliser des règles basées sur la signature électronique pour autoriser ou refuser l'exécution d'un programme en s'étant assuré au préalable que les certificats et les autorités de certification sont de confiance

AppLocker vs SRP

À partir de Windows XP et Windows Server 2003, Microsoft introduit les SRP permettant la mise en œuvre d'une politique de restrictions logicielles. Grâce aux SRP, il devient possible de restreindre l'exécution de programmes sur la machine de l'utilisateur en définissant une liste-blanche (Whitelist) à l'aide de règles particulières.

Bien configurées, les SRP offrent une protection efficace. Néanmoins, leur configuration peut être assez lourde à maintenir dans un environnement dynamique, en particulier sur un grand parc de machines.

De plus, les Stratégies SRP peuvent être contournées assez facilement par des « Utilisateurs avertis », en effet, une faille de sécurité a été détectée et remontée à Microsoft, en revanche aucun Hotfix n'a été proposé pour corriger cette faille !

En outre, si l'IT en charge de la mise en place des Stratégies SRP commet une erreur dans la création d'une Règle, cela peut créer un conflit avec les autres Applications autorisées et impacter l'ensemble des utilisateurs du réseau et donc impacter la production dans son intégralité.

À cet égard, AppLocker qui est (techniquement) le successeur des SRP, apporte de nettes améliorations, et ce au niveau de la configuration, fonctionnement et surtout sécurité.
Une différence fondamentale entre SRP et AppLocker est le champ d'application des règles. Avec SRP, tous les utilisateurs d'une machine sont impactés indifféremment par les règles. Avec AppLocker, il est désormais possible de cibler un utilisateur ou un groupe d'utilisateurs précis au niveau d'une machine ou d'un Domaine Active Directory.

Enfin, la mise à jour d'une Application déclarée « Autorisée » et contrôlée par une Règle de « Hachage » SRP nécessitait la création d'une nouvelle Règle (Nouvelle version d'Application = Nouvelle Règle SRP), ce qui n'est pas le cas pour AppLocker qui permet d'associer toutes les versions d'une même Application à une seule Règle, e.i : Règle1 pour App1 v2 et +

Limitations d'AppLocker

AppLocker est un outil puissant qui vous permet de sécuriser votre infrastructure système en contrôlant le lancement et exécution des exécutables, fichiers d'installation, scripts mais aussi DLL.

Il présente en revanche certaines limitations que tout IT doit prendre en considération lors des phases « Planification et design» d'une infrastructure AppLocker 2016 cible.

Ces limitations sont listées ci-dessous :

- ✧ AppLocker ne peut pas contrôler ce qui est exécuté en Mémoire

- ✧ AppLocker ne peut pas contrôler les Macros Office

- ✧ AppLocker ne peut pas contrôler les Applications HTML

- ✧ Si vous disposez des droits "Administrateur local", vous pouvez simplement ajouter une règle locale (qui écrase toutes celles du domaine) pour autoriser "TOUT" programme à s'exécuter.

- ✧ Si vous utilisez des règles AppLocker basées sur le « Chemin d'accès », un utilisateur du réseau peut simplement copier un script ou un exécutable dans le répertoire autorisé et l'exécuter sans aucune difficulté.

- ✧ Le « DLL Hijacking » des Apps approuvées peut être utilisé /exploité sauf si vous utilisez des règles AppLocker « explicite » pour les DLLs.

Chapitre2. Concevoir et mettre en œuvre son infrastructure AppLocker

Prérequis système

Pour pouvoir bénéficier d'AppLocker sur les Postes de travail des utilisateurs, il est impératif de disposer de Windows 7 édition Entreprise/Intégrale ou Windows 8 /8.1 /10 Edition Entreprise.

Les éditions « Professionnelles » de Windows 7 et Windows 8 /8.1 /10 permettent de configurer des règles AppLocker, mais ces dernières sont inopérantes. Ainsi, AppLocker peut être activé sur les systèmes suivants:

- Windows 7 Editions « Entreprise » et « Intégrale »
- Windows 8 et 8.1 Edition « Entreprise »
- Windows 10 Edition « Entreprise »
- Windows Server 2008 et 2008 R2 Editions « Standard », « Entreprise », « Datacenter » et pour les systèmes Itanium
- Windows Server 2012 et 2012 R2 Editions « Standard » et « Datacenter »
- Windows Server 2016 « Standard » et « Datacenter »

 Windows 7, Windows 8 /8.1 et Windows 10, supportent toujours les SRP, mais si une stratégie configure simultanément des règles SRP et AppLocker, seules les règles AppLocker seront prises en compte

 Pour mettre en œuvre une politique de restrictions logicielles fine, il est préférable d'utiliser AppLocker plutôt que SRP.

Whitelists vs. Blacklists

Une question qui va sûrement vous préoccuper lors de la conception de vos règles AppLocker : dois-je implémenter des règles AppLocker basées sur une liste-blanche (Whitelist) ou une liste-noire (Blacklist) ?

Comme expliqué précédemment, la technique « Blacklisting » augmente la surface d'attaque sur votre infrastructure système car celle-ci ne permet aucune protection contre les programmes malveillants inconnus (exploitation des vulnérabilités "Zero-day").

C'est la raison pour laquelle il est recommandé de privilégier la technique « Whitelisting » pour contrôler l'exécution des programmes sur les postes de travail et serveurs de votre réseau.

 Pour réduire la surface d'attaque sur votre infrastructure système, il est recommandé d'utiliser des règles AppLocker basées sur une Whitelist.

Les caractéristiques de chaque technique (Whitelisting & Blacklisting) sont illustrées dans la Big-Picture ci-après :

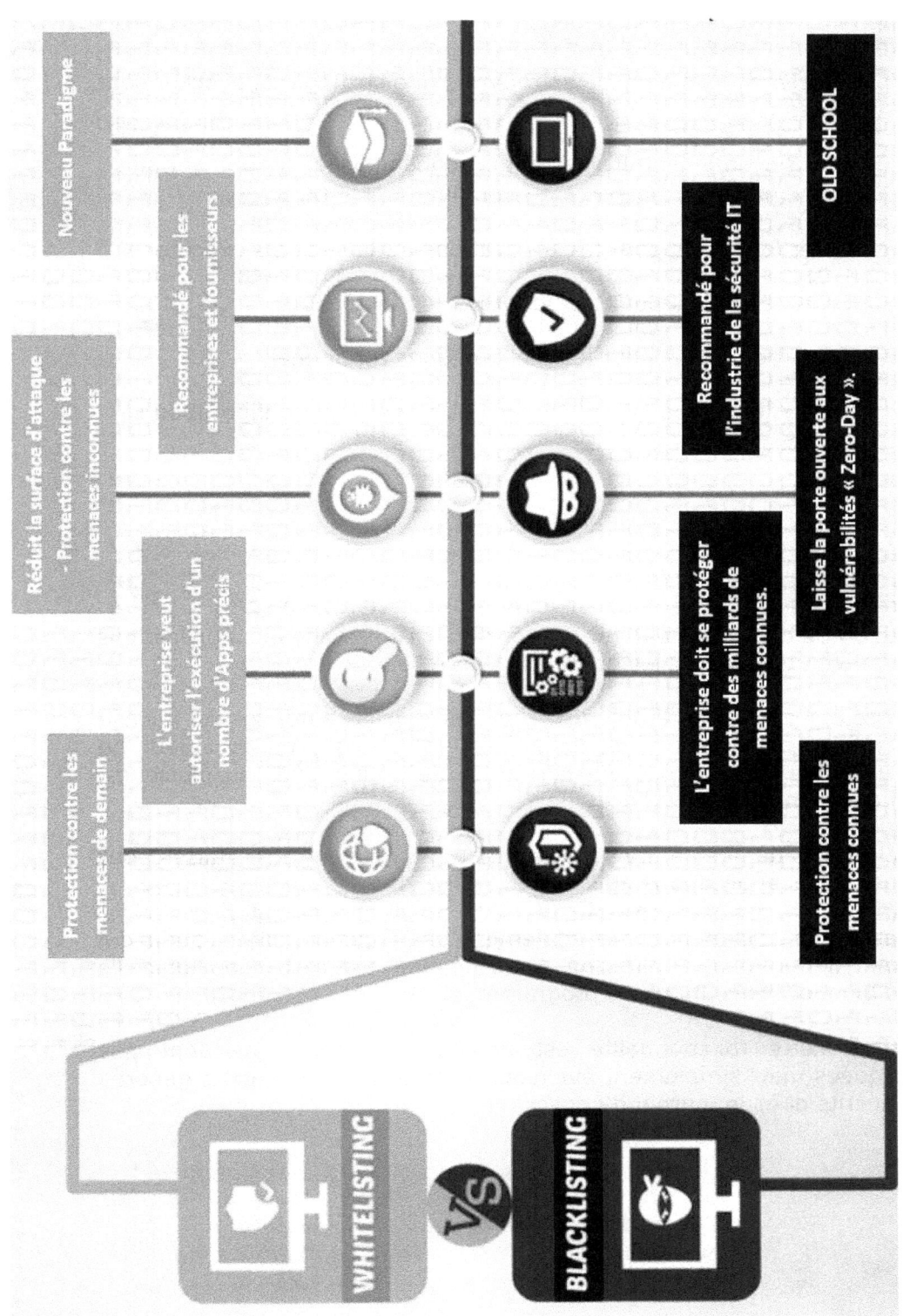

Etapes de mise en œuvre

Les principales étapes de mise en œuvre d'une stratégie AppLocker sont les suivantes :

- ➹ Réaliser un inventaire des applications utilisées à autoriser sur l'ensemble des machines du domaine Active Directory

- ➹ Créer les règles pour les applications autorisées à s'exécuter

- ➹ Créer les règles pour les Scripts et les Installeurs

- ➹ Créer des règles pour les Bibliothèques (optionnel)

- ➹ Tester les règles mises en place et affiner leur configuration si nécessaire

Tâches pré-implémentation de règles AppLocker

Inventaire des Apps existantes : Utiliser le Mode « Audit Only »

Cette étape consiste à auditer et répertorier l'ensemble des applications existantes utilisées par les utilisateurs du réseau.

Pour cela, il convient d'établir une liste des logiciels autorisés sur la base de critères bien précis (fonctionnalités, robustesse, mises à jour de sécurité régulières, etc.), qui permettra de définir une (ou plusieurs) configuration(s) de référence.

Des logiciels de gestion de parc informatique peuvent être utilisés pour connaître les applications utilisées au sein d'un S.I

Notez qu'AppLocker possède également une fonctionnalité d'audit qui permet de simuler l'application d'une politique de restriction logicielle sans bloquer l'exécution des programmes.

Lorsque cette fonctionnalité est activée, les règles ne sont pas appliquées mais simplement évaluées, et tous les évènements générés sont écrits dans le journal d'AppLocker

Les événements générés peuvent être consultés au niveau de l'outil EVENTVWR.MSC en parcourant l'arborescence de la manière suivante : *Journaux des applications et services -> Microsoft -> Windows -> AppLocker.*

Lorsqu'il n'existe pas d'inventaire exhaustif des applications utilisées, l'option « Auditer uniquement » d'AppLocker peut être utilisée pour identifier les applications inconnues.

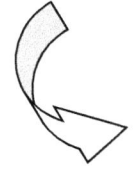

Propriétés d'AppLocker   ✕

Application   Avancé

Indiquez si les règles AppLocker sont appliquées pour chaque regroupement de règles.

Règles de l'exécutable :
☑ Configuré

| Appliquer les règles ∨ |
| Appliquer les règles |
| Auditer uniquement |

Règles Windows Installer :
☐ Configuré

Appliquer les règles ∨

Règles de script :
☐ Configuré

Appliquer les règles ∨

Règles d'applications empaquetées :
☐ Configuré

Appliquer les règles ∨

En savoir plus sur l'application des règles

OK   Annuler   Appliquer

Le mode « Audit Uniquement » peut être activé via l'option « Configurer la mise en application des règles » disponible au niveau de l'arborescence suivante :

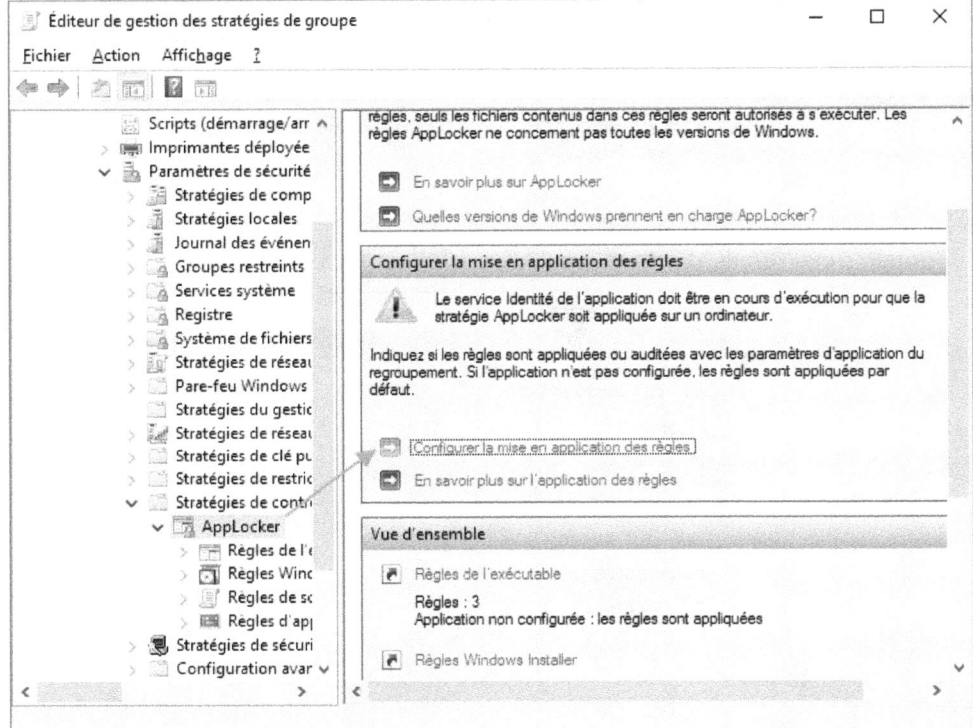

Auditer les journaux d'événements AppLocker

La fonctionnalité « Auditer uniquement » d'AppLocker vous permet de collecter des informations sur les programmes et applications utilisées au sein de votre parc informatique (Serveurs et Postes de travail).

Comme expliqué précédemment, les informations collectées sont remontées au niveau de l'outil « Observateur d'événements > EventVwr.msc » de chaque machine du réseau, et peuvent être consultées au niveau de l'arborescence suivante :

Journaux des applications et services -> Microsoft -> Windows -> AppLocker

Lorsqu'il s'agit d'une infrastructure système conséquente (plusieurs centaines ou milliers de machine), la collecte des informations applicatives devient rapidement une tâche lourde et très fastidieuse.

Un script PowerShell d'audit d'événements AppLocker a été développé par un membre de la communauté Microsoft TechNet et mis à votre disposition en téléchargement gratuit à l'URL suivante (Thank's Brad Biehl ☺) :

https://gallery.technet.microsoft.com/scriptcenter/AppLocker-Event-Log-b376e941

Ce script peut vous aider à accélérer le processus de collecte d'informations d'audit remontées par AppLocker, il vous permet également de générer des rapports HTML exploitables.

Consultez le lien ci-dessus pour en savoir plus.

Configuration du service « Identité de l'application »

Le service Windows « **Identité de l'application** » est nécessaire au fonctionnement d'AppLocker. En effet, si ce service est arrêté ou désactivé, aucune règle AppLocker n'est appliquée sur la machine locale ou du domaine AD.

Notez que ce service est <u>arrêté par défaut</u> et configuré avec un type de démarrage « Manuel » :

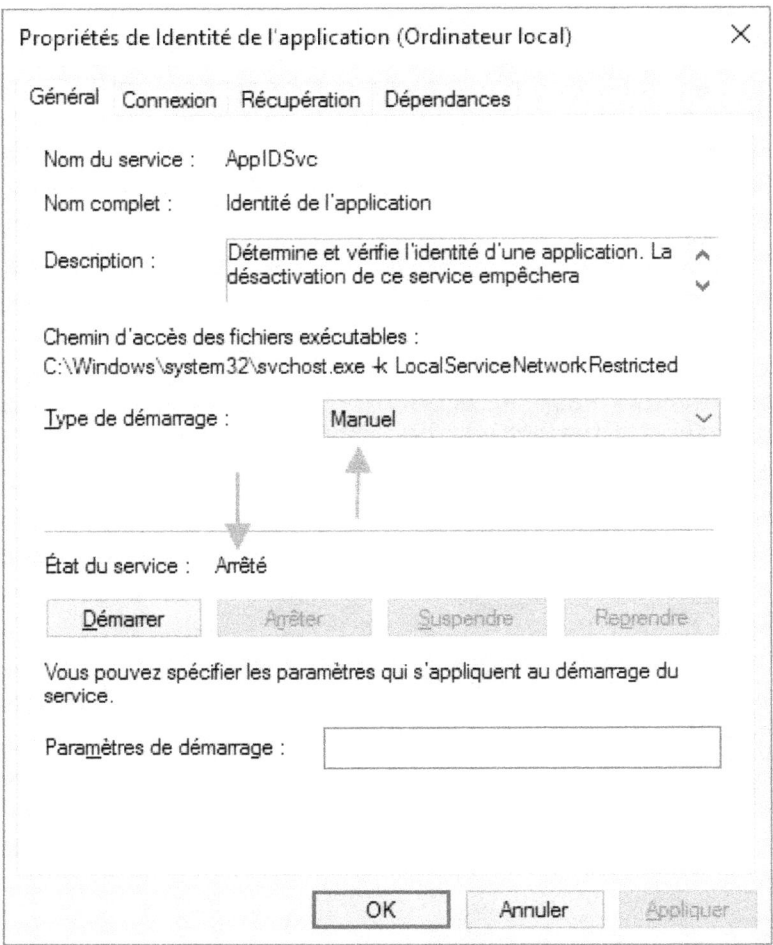

 **Le service Windows « Identité de l'application » requis au bon fonctionnement d'AppLocker est arrêté par défaut.**

 **Vous devez configurer et définir le type de démarrage du service « Identité de l'application » à « Automatique ». Pour ce faire, suivez les instructions ci-après**

Utilisation AppLocker dans un WorkGroup

Si vos règles AppLocker seront appliquées sur une ou plusieurs machines faisant parti d'un groupe de travail (WorkGroup), vous pouvez utiliser la commande suivante pour démarrer le service « Identité de l'application » et définir son type de démarrage à « Automatique ».

Notez que « Identité de l'application » est juste un nom d'affichage, le nom du service est « AppIDSvc » :

Net Start AppIDSvc && SC CONFIG AppIDSvc start= auto

 Séparez le paramètre « start= » et la valeur « auto » par un ESPACE.

Le résultat post-exécution de cette commande est le suivant :

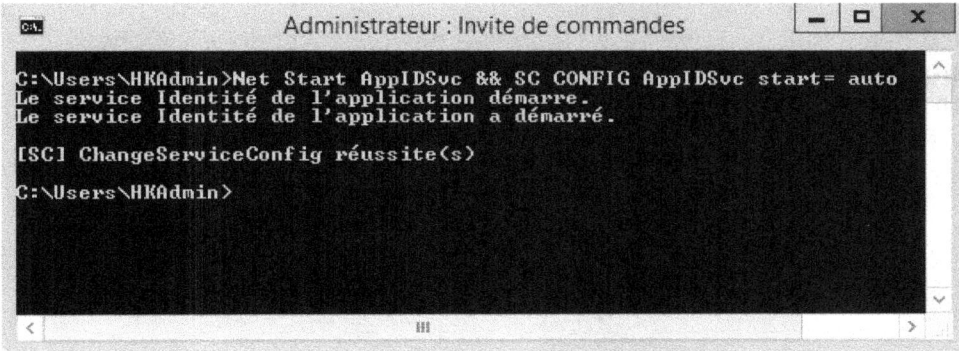

Enfin, lancez la console Services.msc et notez les changements apportés au service Windows.

Utilisation AppLocker dans un domaine Active Directory

Si vos règles AppLocker seront appliquées sur des machines membres d'un domaine Active Directory, je vous recommande la configuration du service « Identité de l'application » via GPO, pour ce faire, éditez la GPO AppLocker et naviguez jusqu'au :

Configuration Ordinateur | Stratégies | Paramètres Windows | Paramètres de Sécurité | Services Système | ***Identité de l'application***

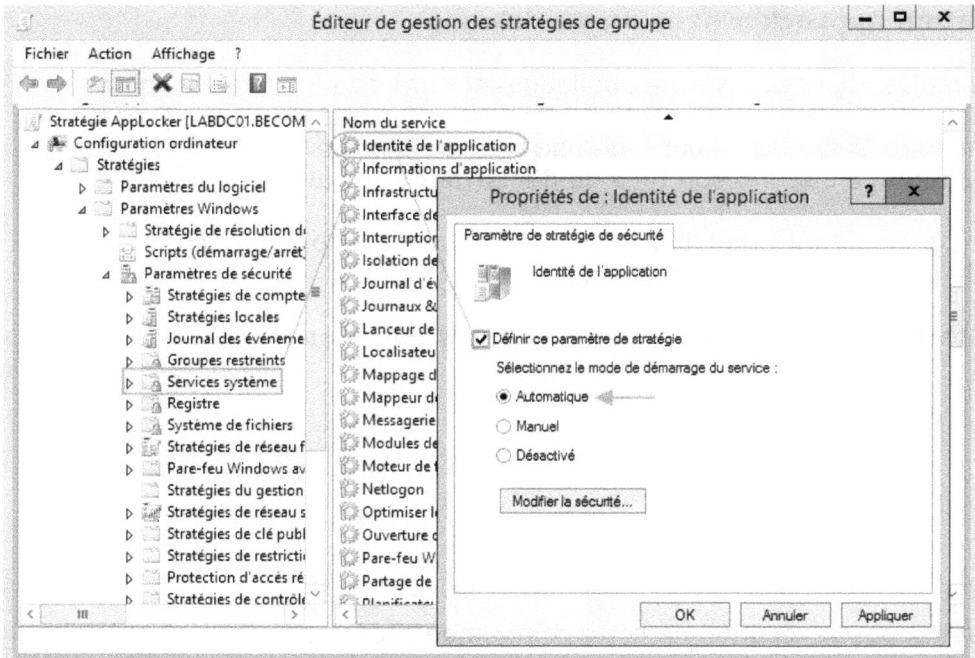

Double-cliquez sur le service « Identité de l'application », cochez « **Définir ce paramètre de stratégie** » et sélectionnez « **Automatique** », cliquez ensuite sur « **OK** » pour valider cette configuration.

Vous devez « Lier » la GPO contenant le paramètre configuré précédemment à l'OU regroupant les comptes Ordinateurs AD cibles, et actualisez ensuite leur moteur de stratégie de groupe (via GpUpdate.exe) pour pousser cette configuration.

Méthodes de mise en œuvre

Les règles AppLocker peuvent être mises en place via deux outils différents, à savoir :

- La Console de Gestion de Stratégies de Groupes : outil **GPMC.msc**

  - *Ou l'outil **GPEdit.msc** si vous voulez créer des AppLocker pour une seule et même machine locale*

- Windows PowerShell : Via l'utilisation du **Module PowerShell : AppLocker**

Utilisation de l'outil « GPMC.msc »

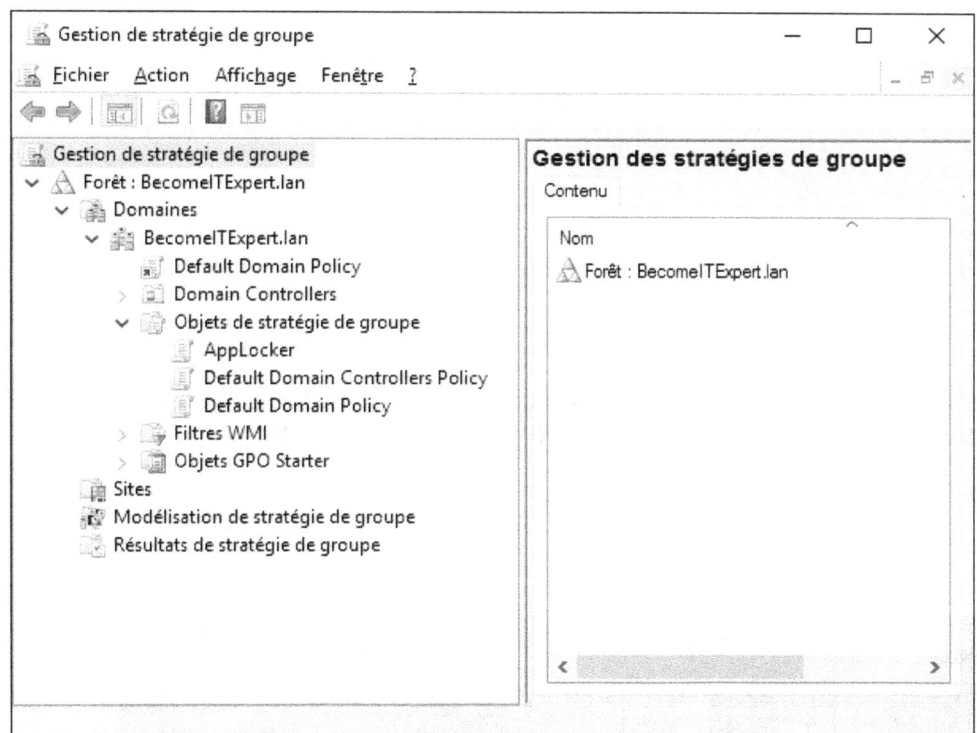

La console GPMC.MSC est une fonctionnalité native dans Windows Server 2016, elle est fournie avec les outils de gestion des Services de Domaine Active Directory (**AD DS** : **A**ctive **D**irectory **D**omain **S**ervices)

Elle vous permet de créer et gérer de manière centralisée l'ensemble des Objets de Stratégies de Groupes (**GPO** : **G**roup **P**olicy **O**bjects) y compris ceux liés à AppLocker et les lier à un Domaine ou Site Active Directory mais aussi à une Unité d'Organisation spécifique (OU : **O**rganizational **U**nit).

Si la fonctionnalité GPMC n'est pas présente sur votre serveur, utilisez la commande PowerShell Suivante pour l'installer : *Add-WindowsFeature GPMC -IncludeManagementTools*

Pour lancer et utiliser la console GPMC.MSC, ouvrez le Menu « **Exécuter** » et saisissez **GPMC.MSC**, validez ensuite en cliquant sur **OK** ou saisissez simplement GPMC.MSC depuis le Menu « Démarrer » de Windows Server 2016 et double-cliquez sur le fichier localisé et retourné au niveau de la Barre de recherche.

Si les règles AppLocker doivent être implémentées et gérées depuis une machine d'Administration (e.g : Serveur Membre ou Poste de travail), vous pouvez utiliser les outils RSAT (Remote Server Administration Tools) pour AD DS, ceux-ci comprennent l'outil GPMC.MSC

Utilisation du module PowerShell « AppLocker »

Depuis Windows Server 2008 R2, Microsoft fournit un Module PowerShell qui vous permet de créer, tester et appliquer les règles AppLocker.

Il s'agit du Module « **AppLocker** ». Comme illustré dans l'image ci-après, ce module regroupe 5 Cmd-Lets :

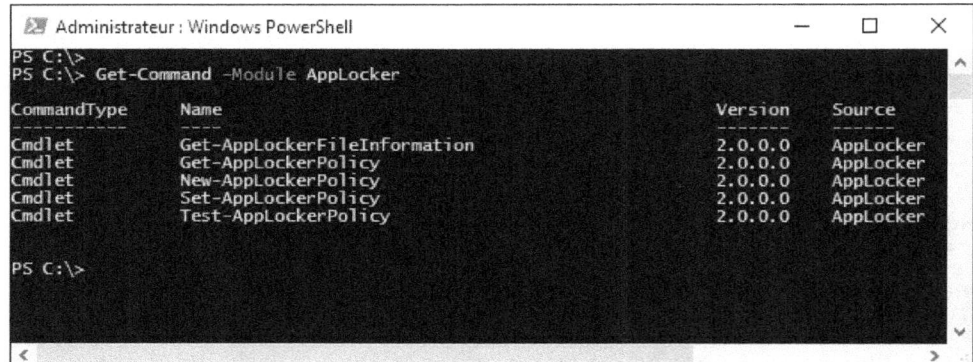

Referez-vous au tableau ci-après pour en savoir plus sur chaque Cmd-Let :

Cmd-Let	Description
Get-AppLockerFileInformation	Permet de collecter des informations nécessaires pour AppLocker, et ce à partir d'un répertoire spécifique ou des Journaux d'événements. Les informations collectées peuvent inclure des informations sur l'éditeur, Hash ou encore chemin d'accès aux fichiers
Set-AppLockerPolicy	Permet de configurer et lier une Stratégie AppLocker à une GPO
Get-AppLockerPolicy	Permet de lister les Stratégies AppLocker à partir d'une GPO Locale, du Domaine ou effective
New-AppLockerPolicy	Utilise les informations collectées (via la Cmd-let Get-AppLockerFileInformation) pour générer automatiquement une Règle pour un utilisateur ou un groupe d'utilisateurs spécifique. Les règles générées peuvent être basées sur l'éditeur, Hash ou chemin d'accès.
Test-AppLockerPolicy	Utilise une Stratégie AppLocker spécifique pour tester si un fichier ou une liste de fichiers est autorisée à s'exécuter sur la machine locale, et ce pour un utilisateur donné

Découvrir l'outil « AppLocker Manager »

Un outil « maison » est en cours de développement par l'auteur du présent eBook, il s'agit de l'outil « AppLocker Manager ».

Il s'agit d'un outil gratuit qui vous permet de créer, tester et appliquer vos règles AppLocker via une interface graphique simplifiée. Voir l'image suivante :

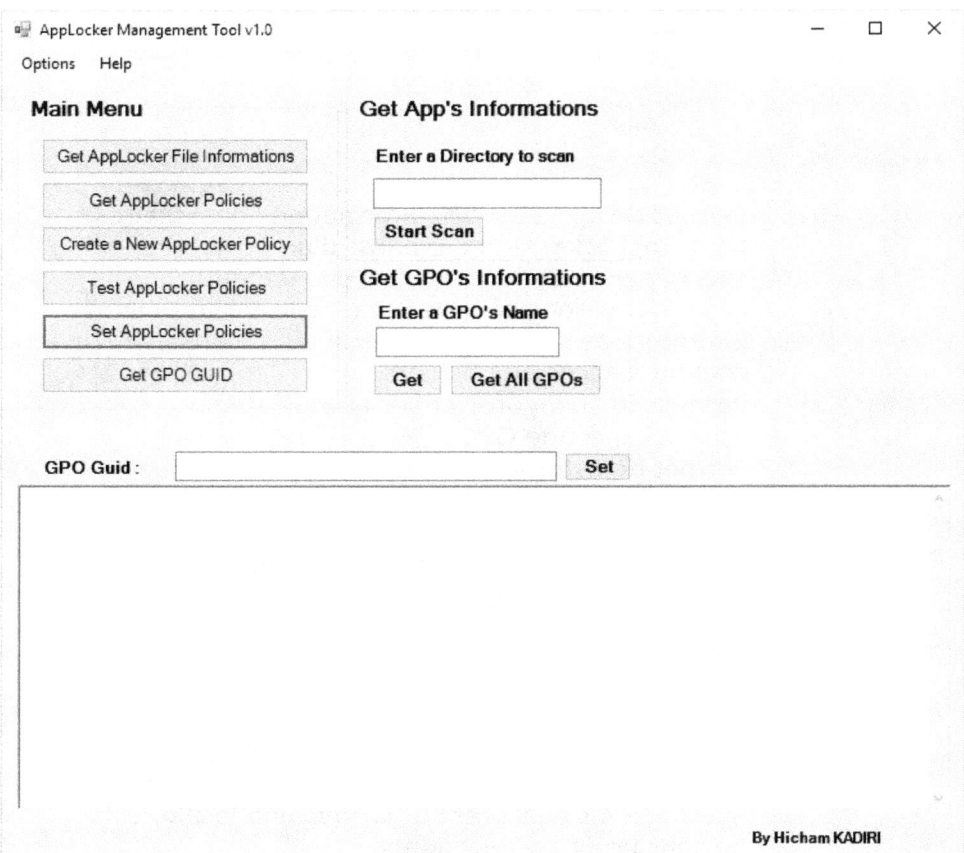

L'outil sera bientôt disponible en téléchargement gratuit sur notre site BecomeITExpert.com > rubrique « TOOLBOX », so stay in touch ☺.

Chapitre3. Scénario « Real World »

Cet eBook repose sur la mise en place d'un projet d'implémentation d'AppLocker pour sécuriser les deux infrastructures systèmes suivantes :

- Windows Server 2016 : pour sécuriser un serveur RDS
- Windows 10 Entreprise : pour sécuriser les Postes de travail

Reportez-vous à la section suivante pour en savoir plus sur notre infrastructure de test (Bac à sable).

Préparer votre « Bac à sable »

Informations techniques

Elément	Description
Nom DNS du domaine	BecomeITExpert.Lan
Nom NetBIOS du domaine	BecomeITExpert
DHCP Activé	Non
ID Réseau	10.100.10.0
Masque de sous-réseau	255.255.255.0
IP du DNS serveur principal	10.100.10.**10**

Rôle du serveur	Nom d'hôte	@IP	Version OS
Contrôleur de domaine	LABDC1	10.100.10.10	2016 Standard
Serveur RDS	LABRDS01	10.100.10.11	2016 Standard
Poste client du réseau	LABWIN10	10.100.10.20	Windows 10 Entreprise

Hyperviseur

Plusieurs Hyperviseurs peuvent être utilisés pour mettre en place l'infrastructure décrite ci-dessus, notamment :

- VMware ESXi /Workstation /Fusion
- Microsoft Hyper-V (Serveur ou Client)
- Oracle VM VirtualBox
- Proxmox VE

VMware Workstation en version 10 (10.0.7 build-2844087) a été utilisé pour la mise en place du LAB.

Description du scénario

L'infrastructure cible est composée d'un domaine Active Directory 2016 géré par le DC « LABDC01 », d'un serveur RDS « LABRDS01 » hébergeant des ressources publiées (Microsoft Office 2016, Notepad++ 7.3.1 et Internet Explorer 11) et d'une machine cliente « LABWIN10 » exécutant Windows 10 Edition Enterprise.

Le poste client « LABWIN10 » est utilisé par différents utilisateurs du domaine (à des horaires spécifiques) pour se connecter via Bureau à distance sur le serveur « LABRDS01 ».

Besoin [N# 1]

En tant qu'Administrateur ou Ingénieur Système Windows, vous avez comme mission la sécurisation du serveur « LABRDS01 », et ce via l'implémentation d'une stratégie AppLocker « Strict ».

Compte-tenu des avantages qu'offre le « Whitelisting », vous avez décidé de mettre en place une liste-blanche dans laquelle vous définissez « QUI exécute QUOI » et l'appliquer à votre serveur RDS « LABRDS01 ».

De plus, les éléments suivants sont à prendre en compte :

QUOI (Applications /Programmes /Scripts à autoriser)

- Microsoft Office 2016 (installé dans C:\Program Files)
- Notepad++ (installé dans C:\Program Files (x86))
- Internet Explorer (installé dans C:\Program Files)
- Tous les outils Windows (natifs) placés dans C:\Windows

QUI (Utilisateur ou groupe d'utilisateurs à autoriser)

- Groupe de sécurité AD « **UtilisateursRDS** » : cela permet à tout utilisateur membre de ce groupe d'exécuter les Apps /Programmes listés ci-haut.
- Groupe de sécurité AD « **Tout le monde** » : cela est requis pour le bon fonctionnement des Sessions Bureau à distance et

permet également (à tout utilisateur du réseau) l'exécution des outils Windows placés dans C:\Windows.

Les règles AppLocker à créer auront les caractéristiques suivantes :

Nom règle	Quoi autoriser ?	Type de règle
%PROGRAMFILES%	Exécutables placés dans C:\Program Files & C:\Program Files (x86)	Chemin d'accès
%WINDIR%	Exécutables placés dans C:\Windows	Chemin d'accès

Votre tâche consiste à créer, tester et appliquer les règles AppLocker pour répondre au besoin « **Sécurité** » décrit précédemment.

 Etant donné que MS Office 2016 /Notepad++ /IE sont par défaut installés dans C:\Program Files et Program Files (x86), vous avez décidé de créer une seule et même règle pour ces trois programmes.

 Avant de commencer la création des règles AppLocker, installez Office 2016 et Notepad++ en v7.3.1 sur le serveur (VM) LABRDS01.

Création de la GPO « AppLocker » pour Serveurs

Dans le cadre de notre projet d'implémentation d'AppLocker pour la sécurisation de notre serveur RDS, une nouvelle GPO sera créée. Pour ce faire :

- Lancez l'outil GPMC.msc depuis le DC **LABDC01** (ou une machine d'administration ayant les outils RSAT (pour AD DS) installés)
- Développez et naviguez jusqu'au : *Forêt : BecomeITExpert.lan > Domaines > BecomeITExpert.com*
- Faites un clic-droit sur « **Objets de stratégie de groupe** » et sélectionnez « **Nouveau** »

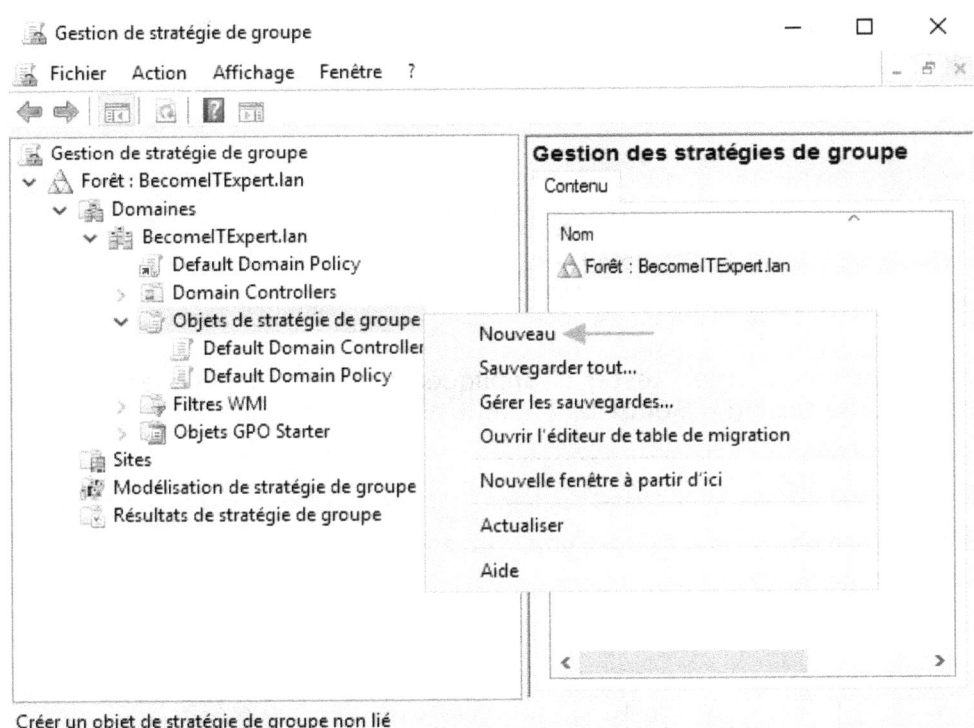

Créer un objet de stratégie de groupe non lié

- La boite de dialogue suivante apparaît, nommez votre nouvelle GPO « **AppLocker-RDS-Servers** »

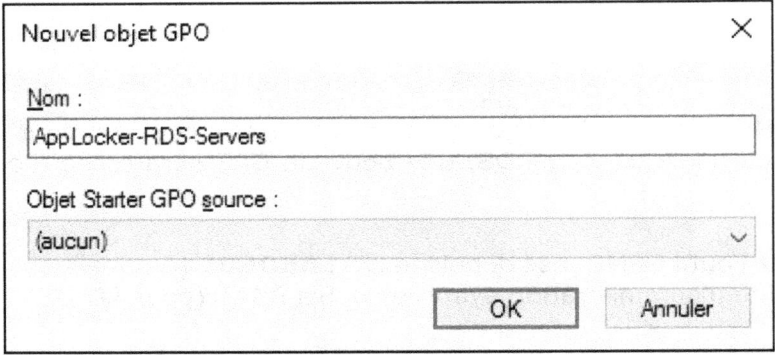

Création des Objets Active Directory

Dans le cadre de notre projet AppLocker, les 4 objets Active Directory suivants doivent être créés :

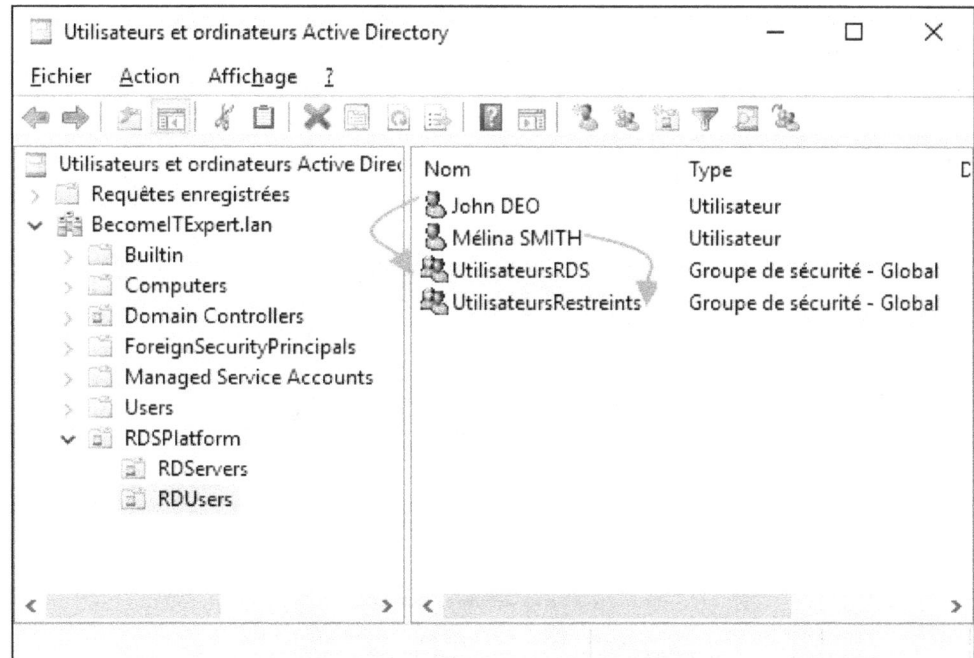

Notez que les groupes et utilisateurs AD sont organisés de la manière suivante :

Groupe AD	Utilisateur Membre
UtilisateursRDS	John DEO (username : jdeo)
UtilisateursRestreints	Mélina SMITH (username : msmith)

Créer vos règles AppLocker

Création des règles AppLocker via l'outil GPMC.msc

Utilisation des « Règles par défaut »

Suivez les instructions suivantes pour créer vos règles AppLocker via l'outil GPMC.msc

- Lancez l'outil GPMC.msc depuis le DC **LABDC01** (ou une machine d'administration ayant les outils RSAT (pour AD DS) installés)
- Développez et naviguez jusqu'au : *Forêt : BecomeITExpert.lan > Domaines > BecomeITExpert.com > Objets de stratégie de groupe*
- Faites un clic-droit sur la GPO « AppLocker-RDS-Servers » créée précédemment et sélectionnez « **Modifier...** »

- L'éditeur de stratégie de groupe s'ouvre, naviguez jusqu'au : Configuration Ordinateur | Stratégies | Paramètres Windows | Paramètres de sécurité | Stratégie de contrôle de l'application | AppLocker

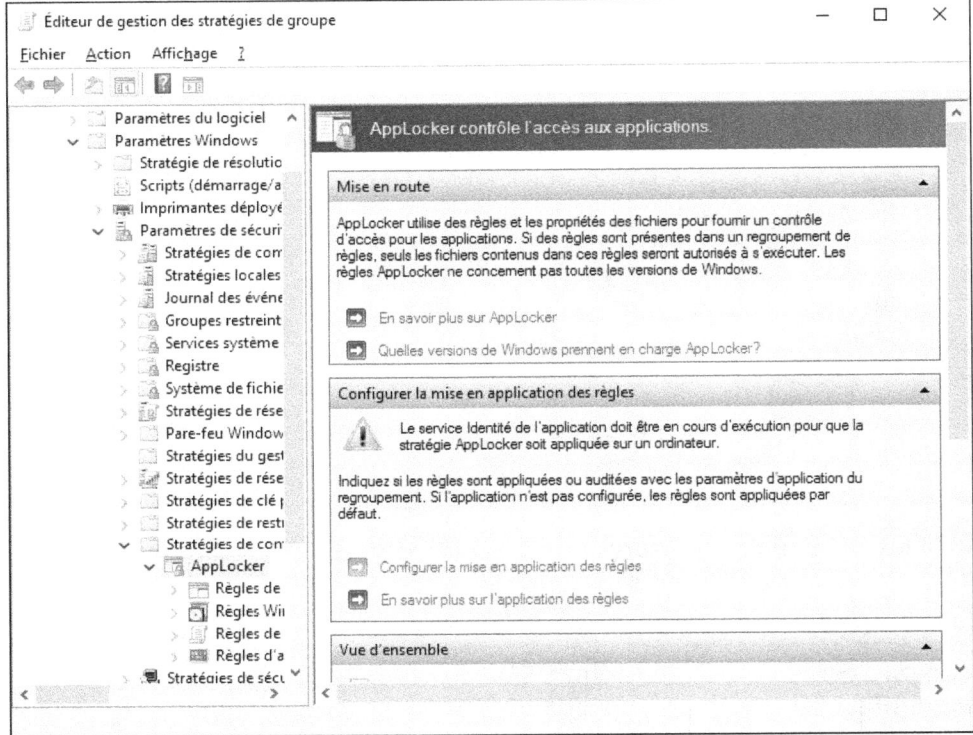

Comme vous pouvez le constater, le nœud « **AppLocker** » vous permet de créer des règles pour différents types de fichiers :

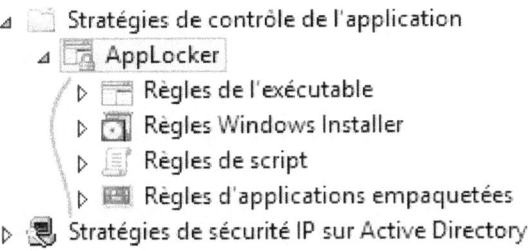

Notez que des règles par défaut (3 au total) peuvent être créées automatiquement pour autoriser le lancement des exécutables placés dans les répertoires suivants :

Action	Utilisateur ▾	Nom	Condition
Autoriser	Tout le monde	(Règle par défaut) Tous les fichiers se trouvant dans le dossier Program Files	Chemin d'accès
Autoriser	Tout le monde	(Règle par défaut) Tous les fichiers se trouvant dans le dossier Windows	Chemin d'accès
Autoriser	BUILTIN\Administrateurs	(Règle par défaut) Tous les fichiers	Chemin d'accès

Faites un clic-droit sur « **Règles de l'exécutable** » et sélectionnez « **Créer des règles par défaut** » pour les générer automatiquement.

Comme illustré dans l'image ci-dessus, les trois règles par défaut répondent parfaitement au besoin exprimé initialement (c.f : Colonne > Nom).

La seule modification à apporter concerne le groupe d'utilisateur autorisé sur la première règle. Nous devons simplement remplacer le groupe d'utilisateur « Tout le monde » par le groupe de sécurité AD « UtilisateursRDS », le but étant d'autoriser uniquement les membres de ce groupe à lancer les exécutables du dossier Program Files /x86

Pour ce faire, double-cliquez sur la première règle, depuis l'onglet **Général** > **Utilisateur ou groupe** > cliquez sur **Sélectionner...**, recherchez et sélectionnez ensuite le groupe de sécurité AD « UtilisateursRDS ».

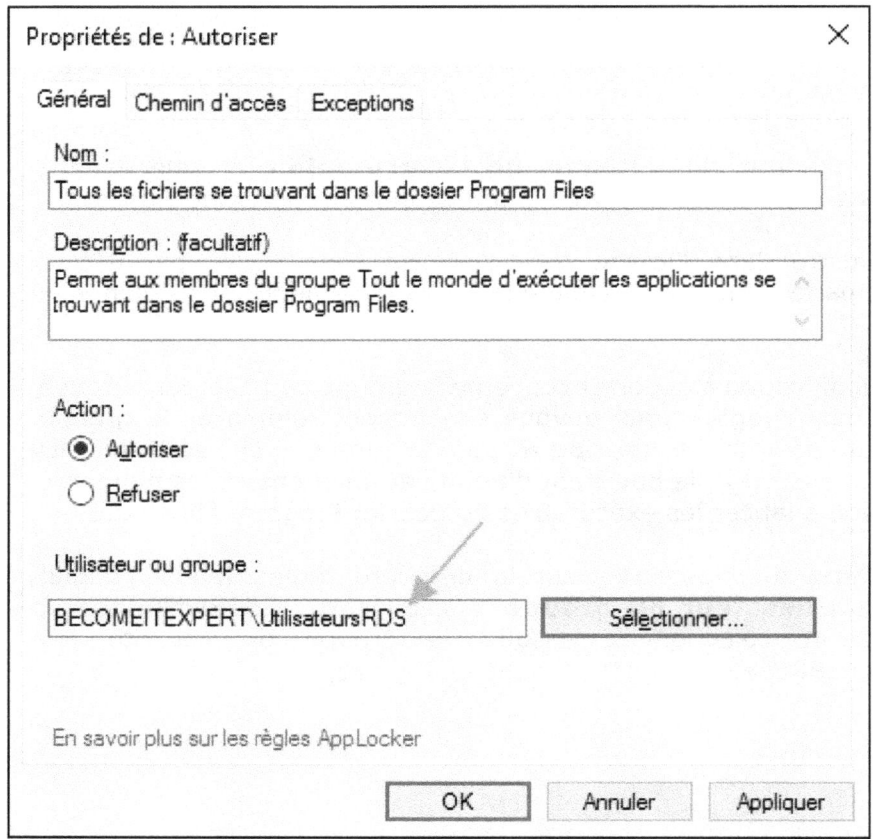

La deuxième règle quant à elle, autorise « **Tout le monde** » à exécuter les outils placés dans C:\Windows. Aucune modification ne sera apportée à cette règle.

La particularité de notre LAB réside dans l'application des restrictions logicielles AppLocker sur <u>un serveur RDS</u>. Pour permettre les connexions Bureau à distance, <u>cette règle ne doit pas être modifiée !!</u>

 Notez que l'accès Bureau à distance doit être autorisé en ajoutant les groupes « UtilisateursRDS » et « UtilisateursRestreints » dans le groupe d'utilisateurs local « Utilisateurs du Bureau à distance » sur le serveur RDS. Pour ce faire, exécutez les commandes suivantes depuis CMD.exe sur le serveur LABRDS01:

Net LocalGroup "Utilisateurs Bureau à distance" /Add UtilisateursRDS

Net LocalGroup "Utilisateurs Bureau à distance" /Add UtilisateursRestreints

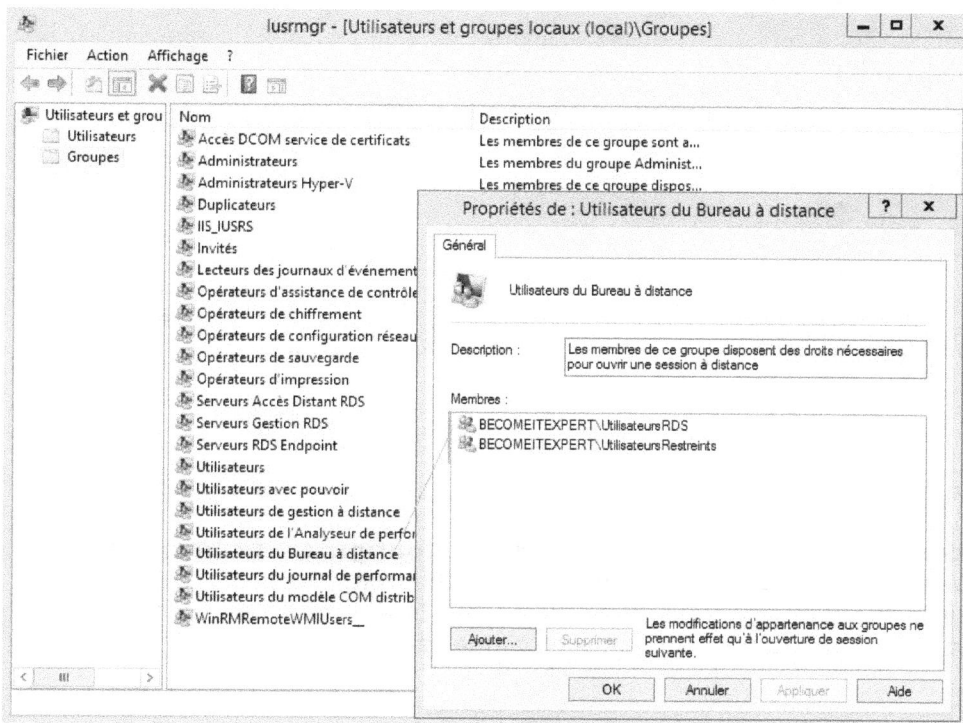

En ce qui concerne la troisième règle créée automatiquement, celle-ci autorise les Administrateurs locaux à exécuter n'importe quel programme installé (quel que soit son emplacement) sur la machine sur laquelle cette stratégie AppLocker sera appliquée.

En effet, en tant qu'Administrateur local du serveur, vous devez avoir le droit de lancer et exécuter n'importe quel programme ou outil Windows présent sur le serveur : pour apporter des modifications, faire évoluer la plateforme ou simplement diagnostiquer et dépanner un problème.

La troisième règle est générée avec les caractéristiques suivantes :

Nom règle	Quoi autoriser ?	Type de règle	Type de fichier	Groupe autorisé
(Règle par défaut) Tous les fichiers	*(n'importe quel exécutable)	Chemin d'accès	Exécutable	BUILTIN\Administrateurs

Notez que des règles par défaut peuvent également être créées pour les « **Windows Installer | Scripts | Applications empaquetées** ». La procédure reste la même et consiste à faire un simple clic-droit sur chaque type de règle et sélectionner l'option « Créer des règles par défaut ».

Contrairement aux Règles des EXE, Scripts et Windows Installer, les Règles d'Apps empaquetées permettent la création d'une seule et unique règle par défaut, voir image ci-après :

Action	Utilisateur	Nom	Exceptions
Autoriser	Tout le monde	(Règle par défaut) Toutes les applications empaquetées signées	

Maintenant que les règles sont en place, il ne vous reste plus qu'à configurer leur mise en application. Pour ce faire, cliquez sur le nœud « **AppLocker** » et cliquez ensuite sur « **Configurer la mise en application des règles** » depuis le volet droit, cette option fait apparaître la boite de dialogue suivante. Configurez les règles de l'exécutable de la manière suivante et cliquez sur « **OK** » :

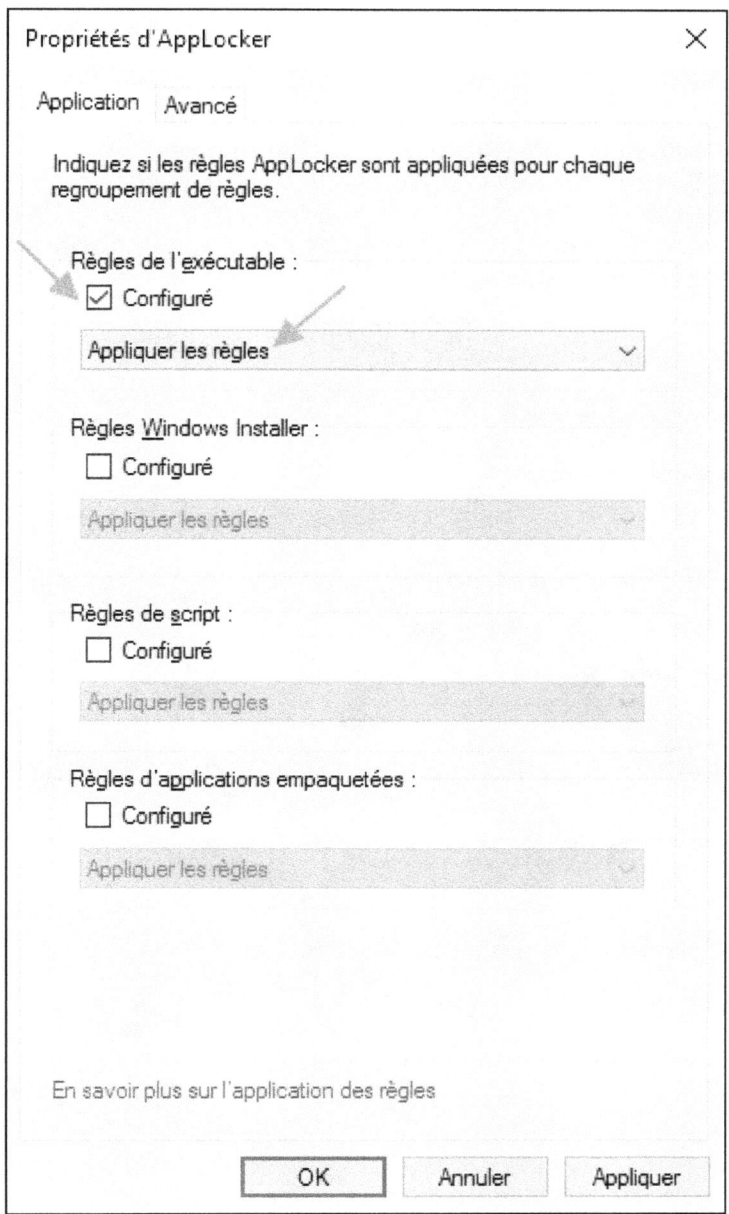

Enfin, avant de fermer l'éditeur de stratégie de groupe, nous allons procéder à la configuration du service « Identité de l'application » afin de définir son type de démarrage à « Automatique ». Comme expliqué plutôt dans cet eBook, AppLocker s'appuie sur ce service Windows pour évaluer les règles. Nous devons donc nous assurer qu'il est démarré d'une manière automatique sur la machine Windows Server (notre serveur RDS LABRDS01) lors de l'application des règles AppLocker créées précédemment.

Naviguez jusqu'au :
Configuration Ordinateur | Stratégies | Paramètres Windows | Paramètres de Sécurité | Services Système

Double-cliquez sur le service **« Identité de l'application »** et configurez le de la manière suivante :

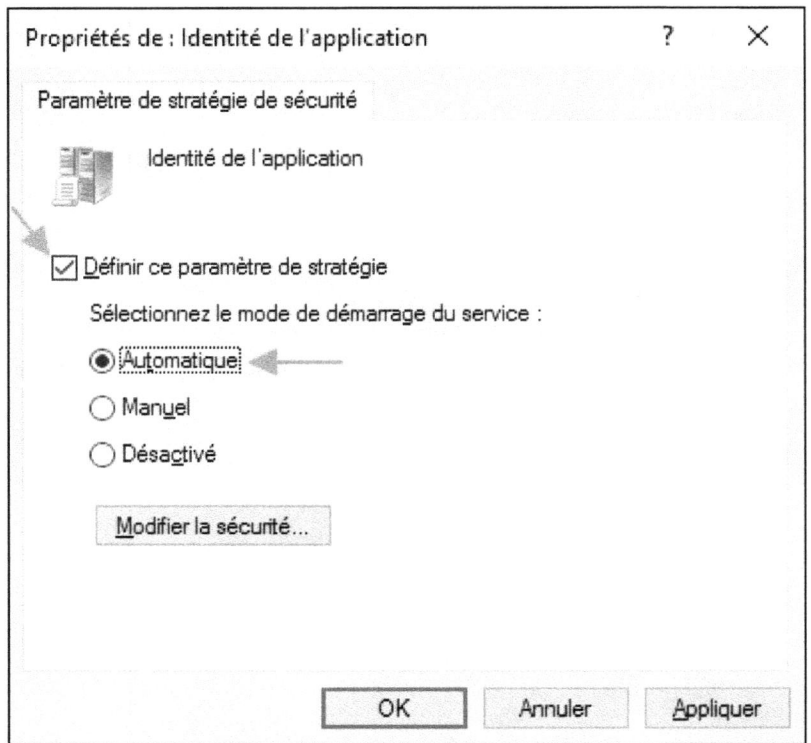

 Il est recommandé d'utiliser des noms de règles significatifs plutôt que les noms attribués par défaut. Dans notre cas, les règles ont été nommées comme suit :

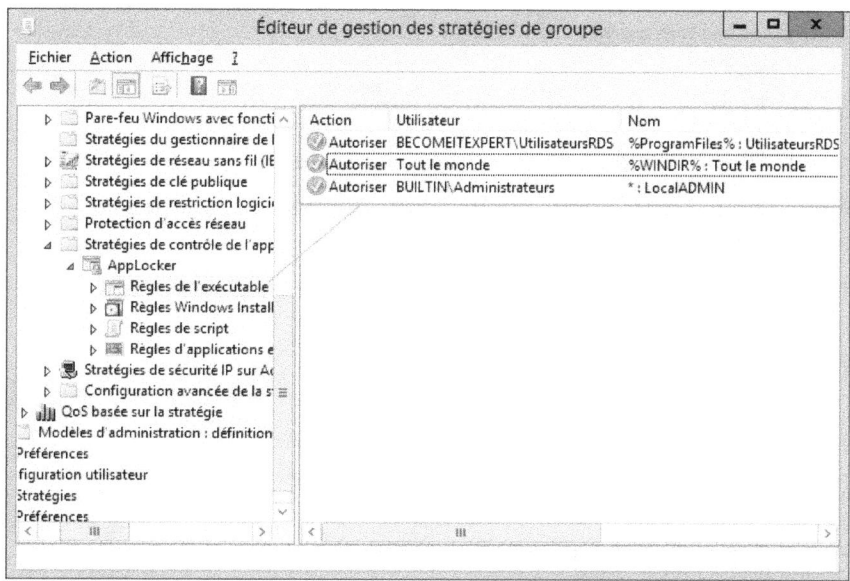

Création vos règles "Manuellement"

Les règles AppLocker créées par défaut peuvent être utilisées si nous devons simplement appliquer des restrictions au niveau des dossiers %WINDIR% et %PROGRAMFILES%.

Si votre besoin évolue et que vous devez créer des règles spécifiques pour certaines applications ou scripts, vous pouvez créer manuellement vos règles, et ce via l'utilisation de la commande « Créer une règle… ».

Faites un clic-droit sur « Règles de l'exécutable » et sélectionnez **« Créer une règle… »**

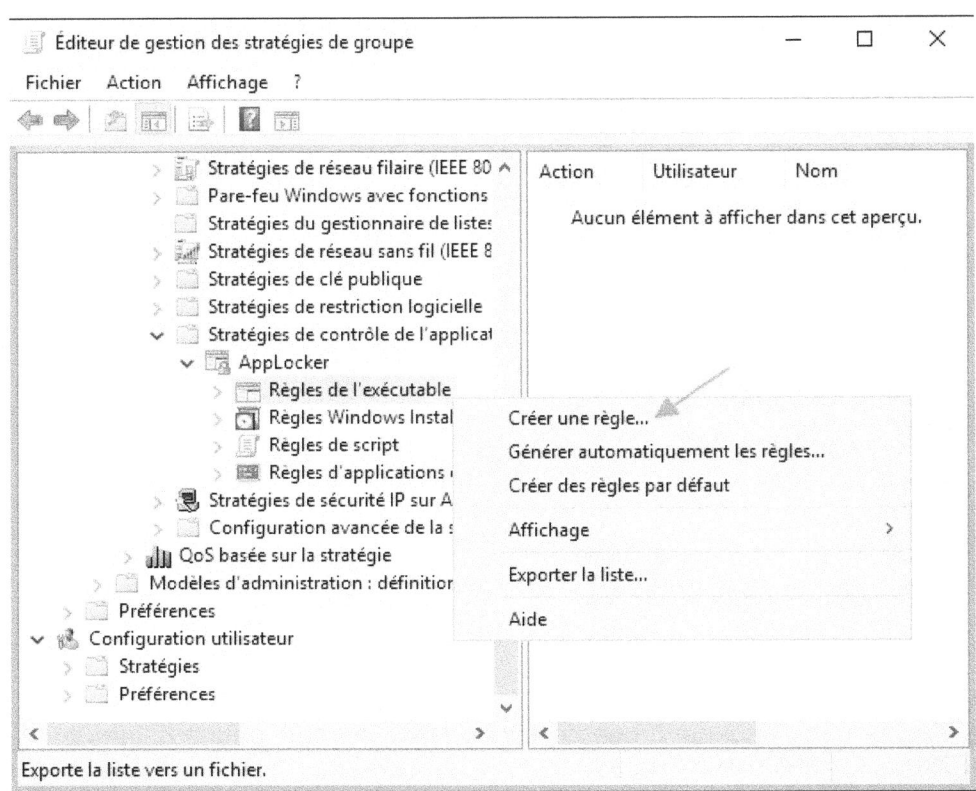

L'assistant de création de règles des EXE apparaît, cliquez sur « **Suivant** » pour continuer. Cochez « **Autoriser** », recherchez et sélectionnez ensuite le groupe de sécurité AD « **UtilisateursRDS** » et cliquez sur « **Suivant** » :

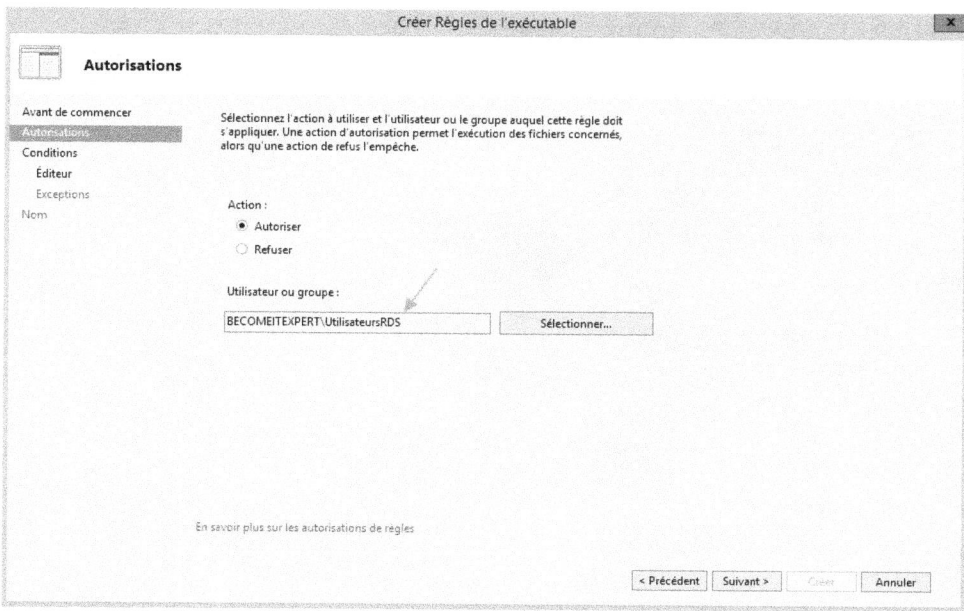

Le type de condition de notre règle est un « **Chemin d'accès** », cochez donc cette option et cliquez sur « **Suivant** » pour continuer :

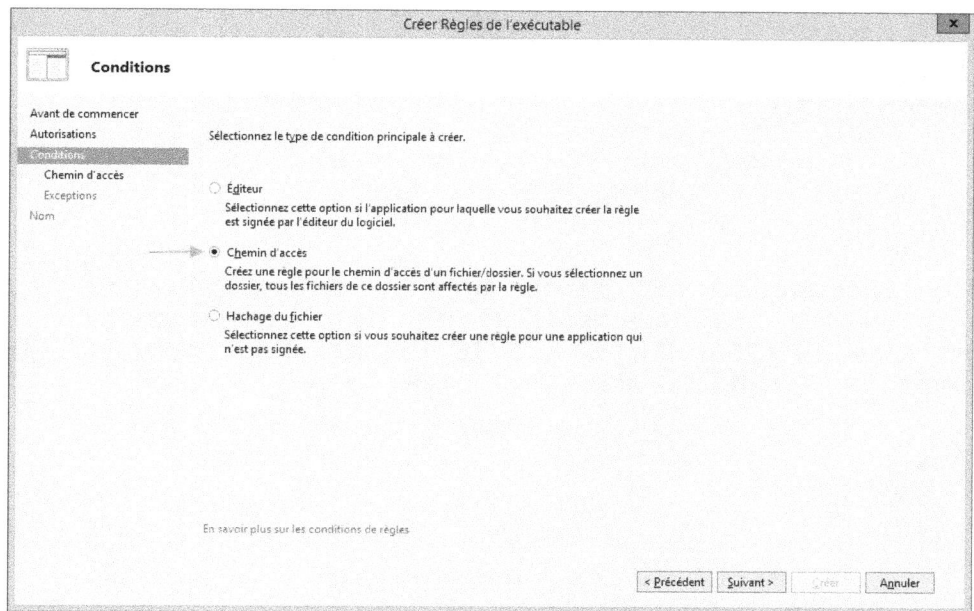

La première règle à créer va autoriser le groupe « UtilisateursRDS » sélectionné précédemment à exécuter les fichiers (.EXE) placés dans C:\Program Files et C:\Program Files (x86), pour ce faire, saisissez

%PROGRAMFILES%* comme chemin d'accès et cliquez sur
« **Suivant** » :

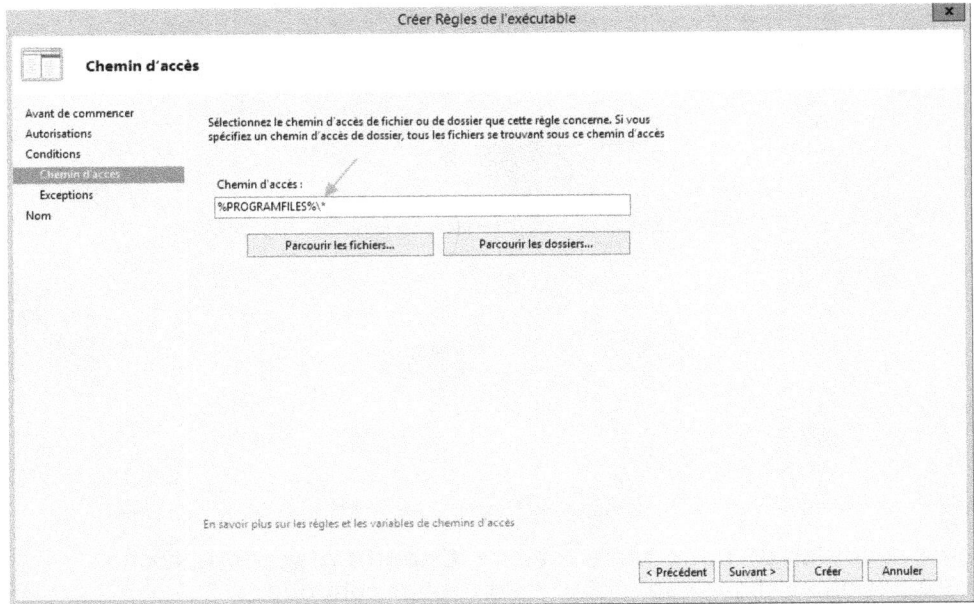

La variable AppLocker %PROGRAMFILES% fait
référence aux deux répertoires suivants :
C:\Program Files et C:\Program Files (x86).
Reportez-vous à l'annexe pour en savoir plus sur
les autres variables AppLocker.

Le volet « **Exceptions** » vous permet de définir des exceptions au
niveau de votre règle. E.g : autoriser l'exécution de tous les fichiers se
trouvant dans %PROGRAMFILES%\ MAIS interdire l'exécution du
programme : **%PROGRAMFILES%\Notepad++\notepad++.exe**

Vous pouvez configurer des « Exceptions » en se
basant sur le « Chemin d'accès », « Editeur » ou
encore « Hachage d'un fichier ».

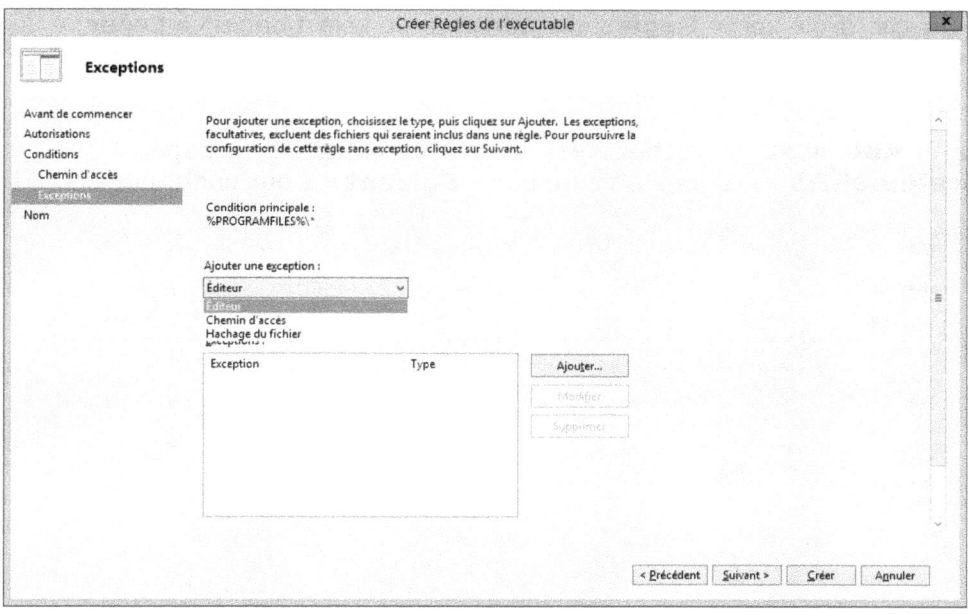

Enfin, attribuez un nom à votre règle AppLocker et cliquez sur « Créer ». Dans l'exemple suivant, le nom « **ProgramFiles_UtilisateursRDS** » est attribué à notre règle AppLocker :

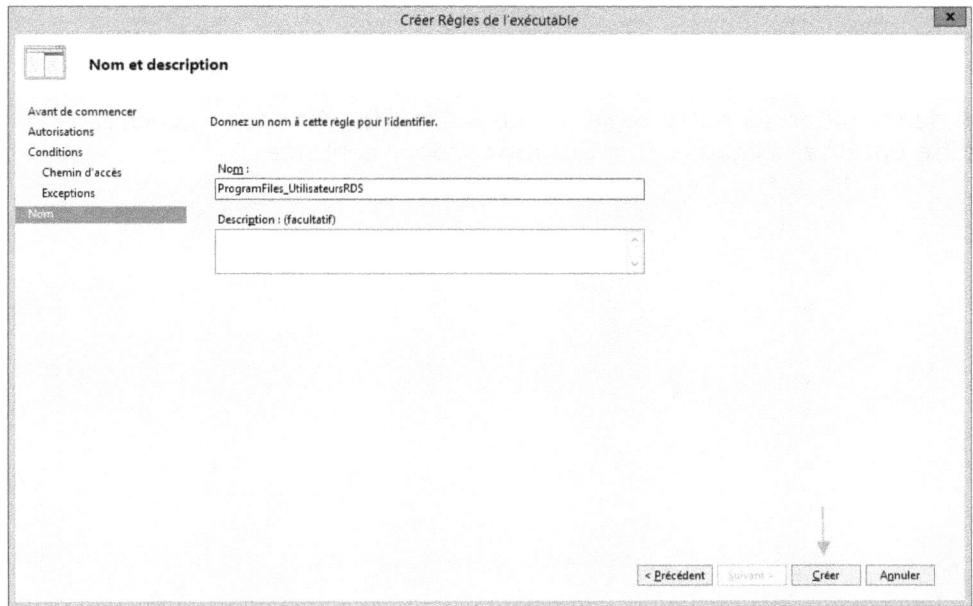

Nous allons maintenant créer une nouvelle règle pour autoriser cette fois-ci le groupe « UtilisateursRDS » à lancer et exécuter les scripts placés dans D:\.

Faites un clic-droit sur « **Règles de script** » et sélectionnez « **Créer une règle...** ». L'assistant de création « Règles de script » apparaît, cliquez sur « Suivant » pour continuer.

Cochez « **Autoriser** », recherchez et sélectionnez le groupe AD « **UtilisateursRDS** », cliquez ensuite sur « **Suivant** » pour continuer :

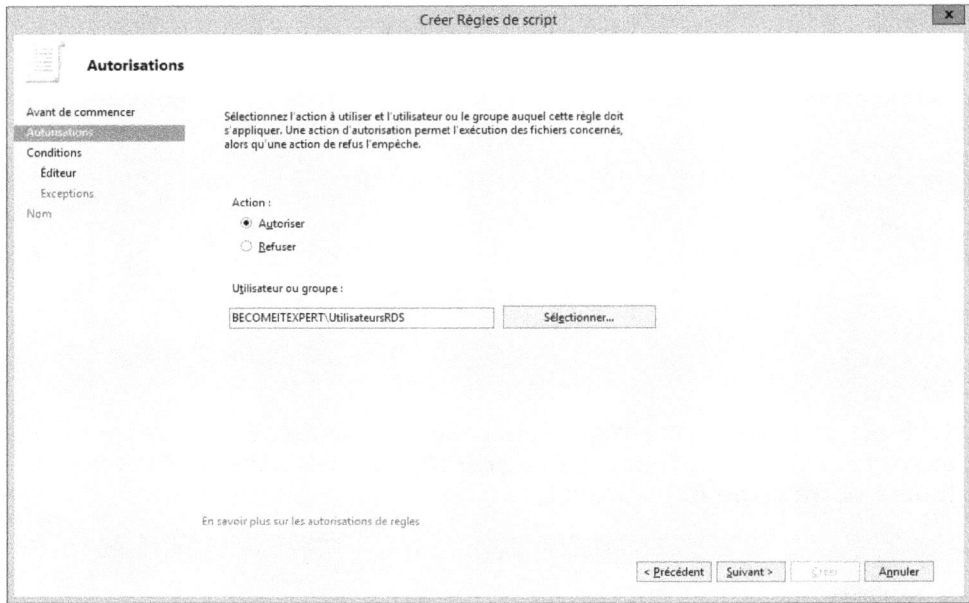

Le type de condition de notre règle est un « **Chemin d'accès** », cochez donc cette option et cliquez sur « **Suivant** » pour continuer :

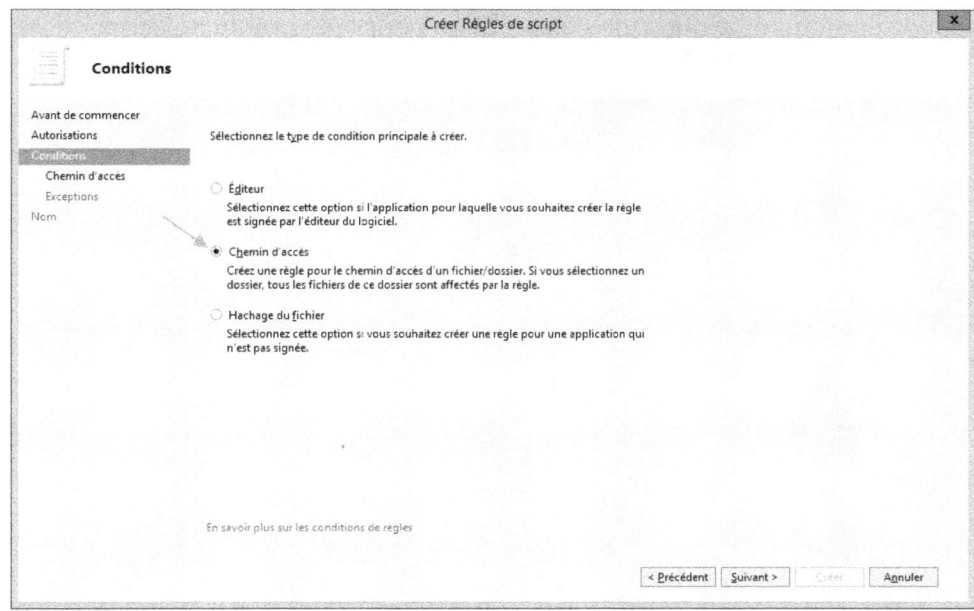

Cette règle va autoriser le groupe « UtilisateursRDS » à lancer et exécuter les scripts placés dans D:\Scripts, saisissez donc ce chemin d'accès suivi de * pour inclure tout fichier du dossier et cliquez sur « Suivant » :

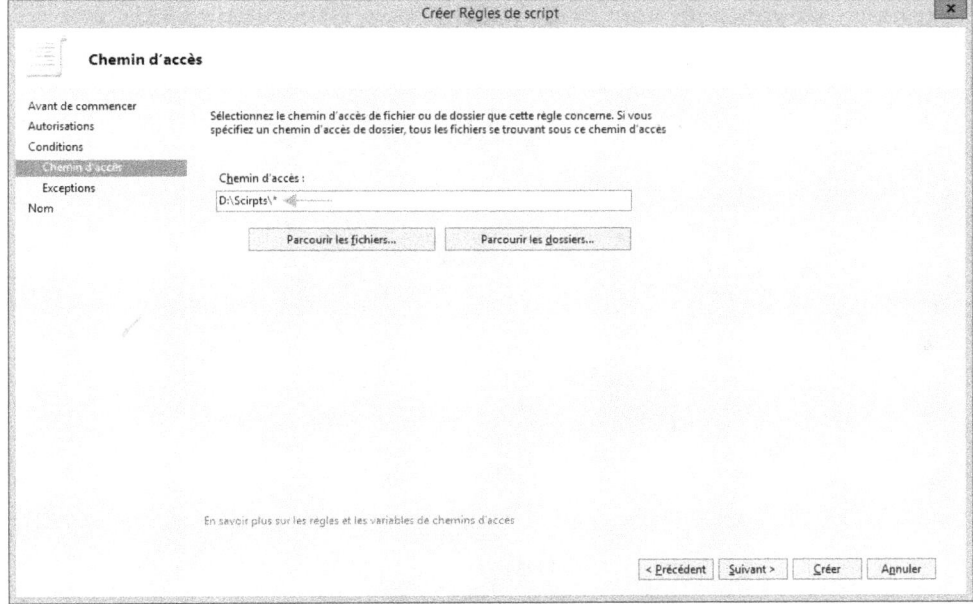

Vous pouvez également ajouter des exceptions pour votre règle de script en définissant un type de condition et ajoutant le fichier via le bouton « **Ajouter...** »

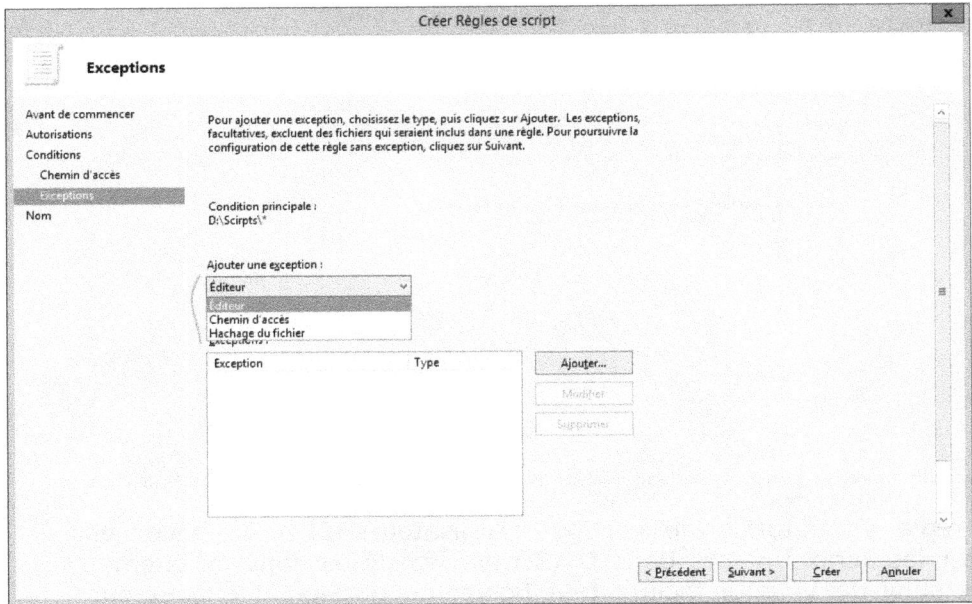

Enfin, attribuez un nom à votre règle AppLocker et cliquez sur « Créer ». Dans l'exemple suivant, le nom « **D:\Scripts*_UtilisateursRDS** » est attribué à notre règle AppLocker de script :

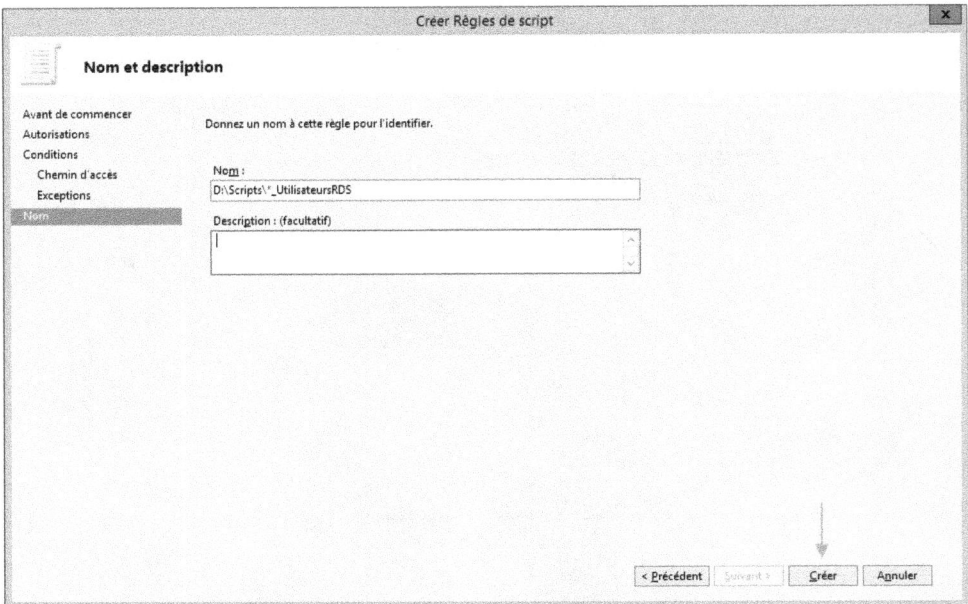

Répetez les mêmes opérations précédentes pour autoriser les Administrateurs locaux (groupe AD : BUILTINS\Administrateurs) à exécuter tous les programmes et scripts, quel que soit leur emplacement. Pour ce faire, utilisez * comme chemin d'accès pour chaque règle (Exécutable & Script).

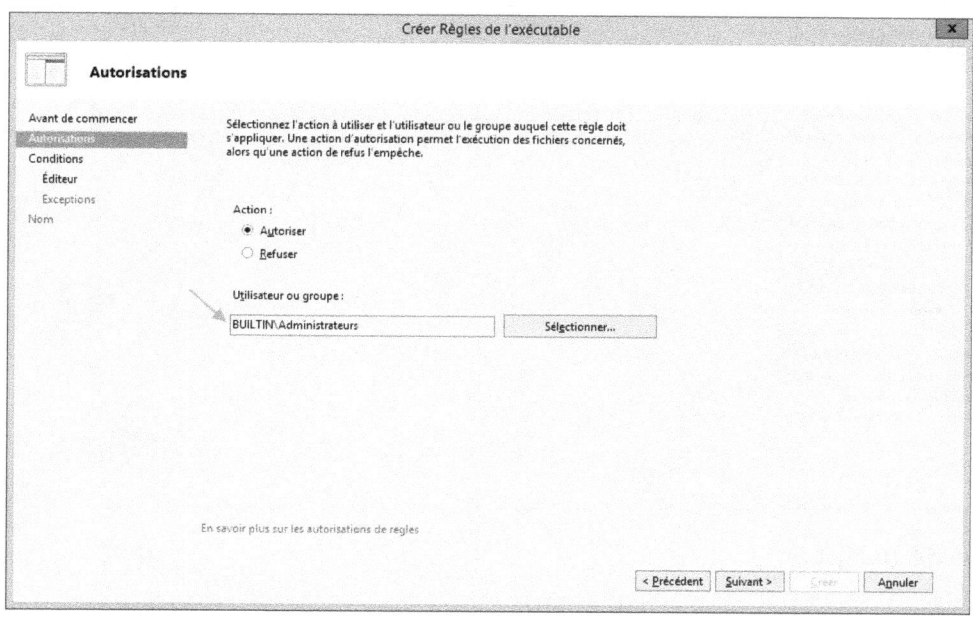

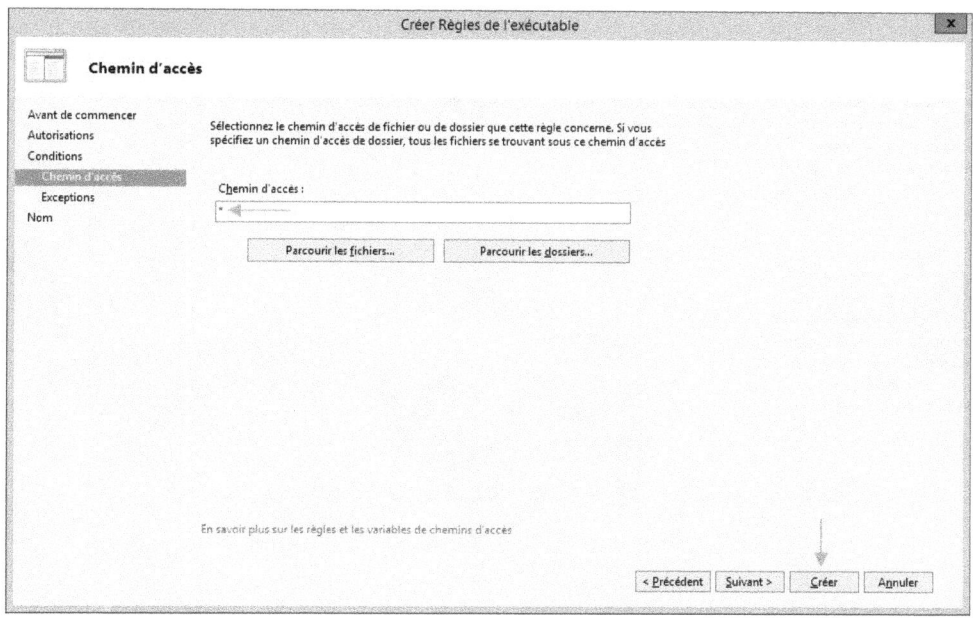

Si les étapes décrites précédemment ont été respectées, vous devez avoir la liste des règles (des EXE et Scripts) suivantes :

Règles de l'exécutable

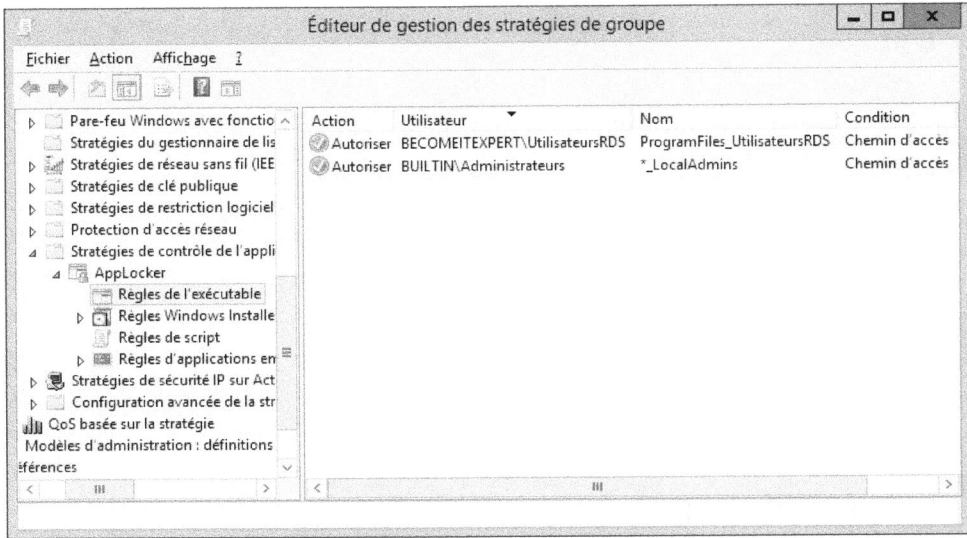

Règles de script

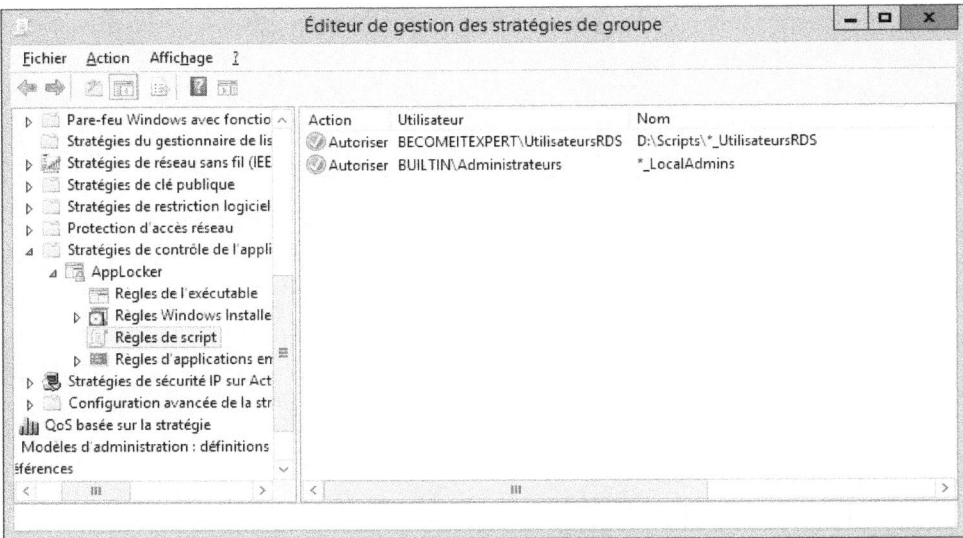

Appliquer et tester vos règles AppLocker

Pour appliquer les règles AppLocker de la GPO « AppLocker-RDS-Servers » sur notre serveur RDS, il suffit de la lier (Linker) à l'OU contenant l'objet Ordinateur AD de celui-ci.

Dans notre exemple, le compte Ordinateur AD de notre serveur RDS LABRDS01 est placé dans la sous OU suivante :

BecomeITExpert.lan\RDSPlatform\RDServers

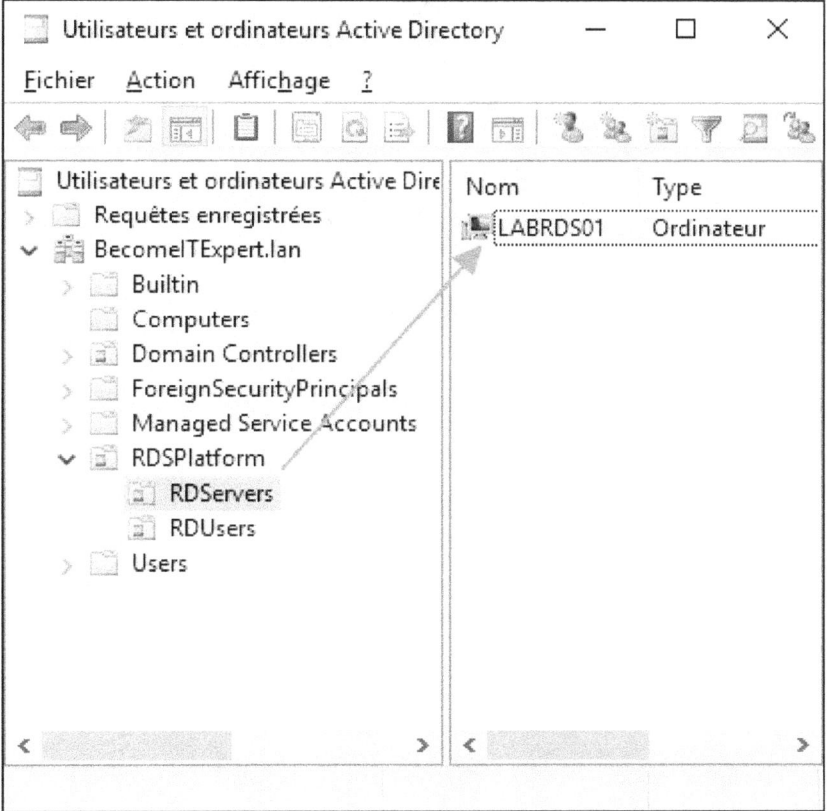

Nous allons donc (depuis l'outil GPMC.msc) lier la GPO « AppLocker-RDS-Servers » à l'OU « RDServers ». Pour ce faire, faites simplement un clic-droit sur cette OU et sélectionnez « **Lier un objet de stratégie de groupe existant...** », sélectionnez ensuite la GPO « AppLocker-RDS-Servers » et cliquez sur « **OK** » :

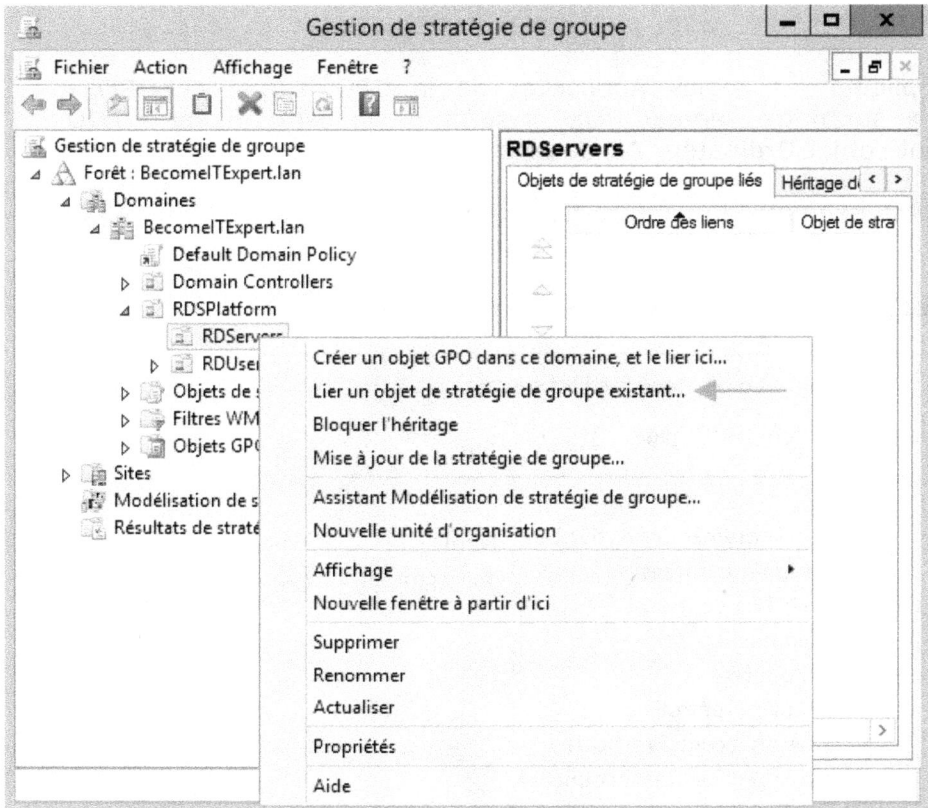

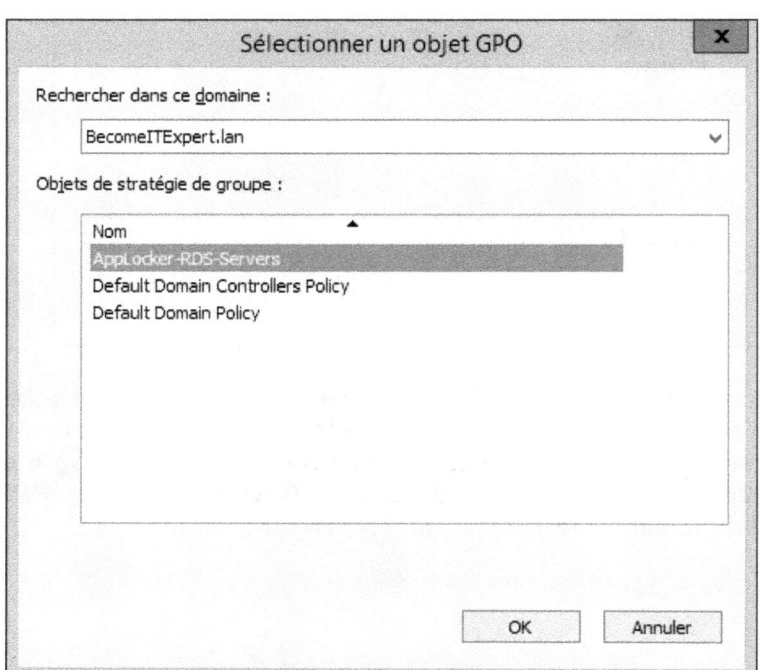

Actualisez le moteur de stratégie de groupe du serveur LABRDS01 en exécutant (localement) la commande **GpUpdate.exe** ou à distance via l'utilisation de la nouvelle fonctionnalité GPO (disponible à partir de Windows Server 2012 R2) : **Invoke GpUpdate**

Voir capture d'écran ci-après :

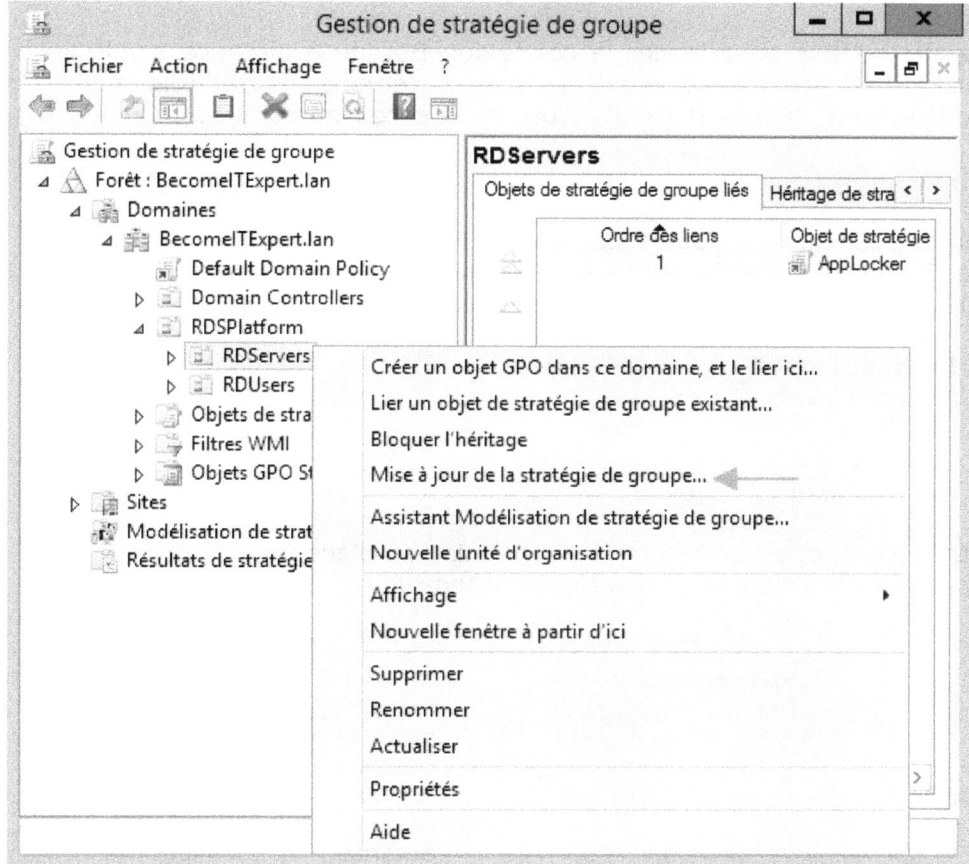

Pour résumer, notre stratégie AppLocker autorise uniquement le groupe « UtilisateursRDS » à lancer les exécutables des dossiers C:\Program Files et C:\Program Files (x86), l'utilisateur « BecomeITExpert**jdeo** » étant membre de ce groupe, il est normalement autorisé à lancer et exécuter tous les programmes du %PROGRAMFILES% ainsi que les outils Windows placés dans C:\Windows du serveur RDS LABRDS01.

Quant à l'utilisatrice du réseau « BecomeITExpert**msmith** » qui est membre du groupe « UtilisateursRestreints », l'exécution des programmes placés dans %ProgramFiles% lui sera restreint !
Elle pourra tout de même exécuter les outils du C:\Windows.

Let's test ☺.

Ouvrez une Session Windows en tant que BecomeITExpert\jdeo sur la machine cliente « LABWIN10 », ouvrez le Menu « **Exécuter** » et saisissez la commande suivante :

MSTSC /V:LABRDS01 /F

Cliquez sur « **OK** » pour lancer la connexion Bureau à distance sur le serveur LABRDS01. Faites quelque tests de lancement des EXE tels que Internet Explorer, Microsoft Excel /Word ou encore Notepad++.

Notez le résultat !

Maintenant, lancez une autre connexion Bureau à distance avec le compte BecomeITExpert\msmith et exécutez ensuite les programmes suivants, notez le résultat de chaque test réalisé :

⇨ Internet Explorer
⇨ Notepad++
⇨ CMD.exe
⇨ Calc.exe
⇨ Notepad.exe

Si la stratégie AppLocker que nous avons mise en place jusqu'à présent est appliquée correctement, vous devez obtenir le résultat suivant :

Apps /Outil	Emplacement	Statut	Commentaire
IE	%ProgramFiles%	☒	Restriction AppLocker : règle %ProgramFiles% autorise uniquement le groupe « UtilisateursRDS »
Notepad++	%ProgramFiles%	☒	Restriction AppLocker : règle %ProgramFiles% autorise uniquement le groupe « UtilisateursRDS »
CMD.exe	%WINDIR%	✓	
Calc.exe	%WINDIR%	✓	
Notepad.exe	%WINDIR%	✓	

L'EXE **iexplorer.exe** correspondant à l'application Bureau « Internet Explorer » a été lancé depuis le Menu « Exécuter »

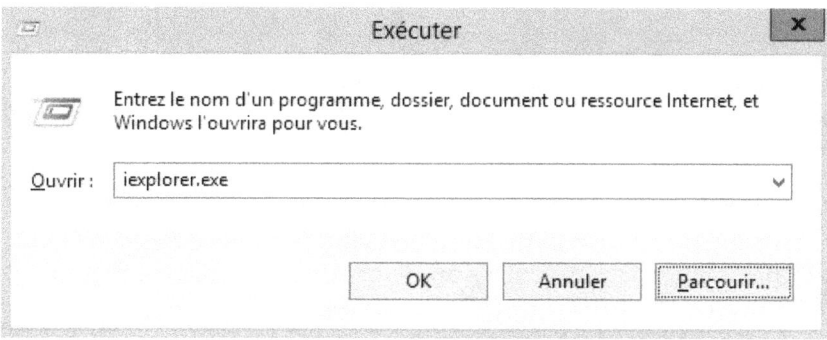

Le message suivant est affiché lors de l'exécution d'un programme non autorisé par AppLocker :

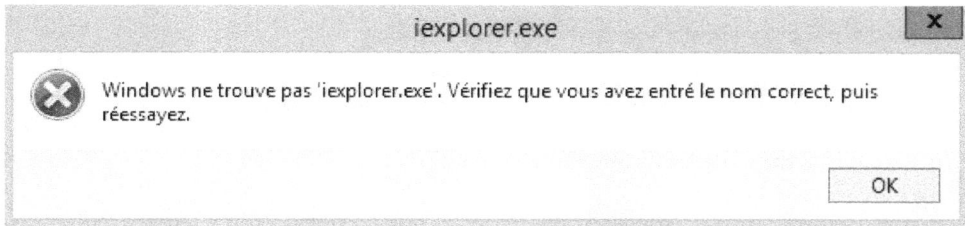

Vous pouvez personnaliser ce message en configurant le paramètre de stratégie de groupe suivant :

*Configuration Ordinateur -> Stratégies -> Modèles d'Administration -> Composants Windows -> Explorateur Windows **-> Définir le lien d'une page web de support.***

Dans l'exemple suivant, le message a été personnalisé pour inviter l'utilisateur du réseau à visiter la plateforme de support :

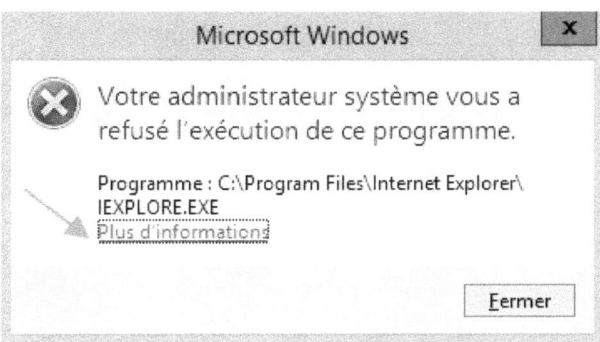

Besoin [N# 2]

En tant qu'Administrateur ou Ingénieur Système Windows, vous avez comme mission la sécurisation des postes de travail Windows 8.1, et ce via l'implémentation d'une stratégie AppLocker « Strict ».

Compte-tenu des avantages qu'offre le « Whitelisting », vous avez décidé de mettre en place une liste-blanche dans laquelle vous définissez « QUI exécute QUOI » et l'appliquer à vos Postes de travail Windows 8.1 Edition Entreprise.

De plus, les éléments suivants sont à prendre en compte :

QUOI (Applications /Programmes /Scripts à autoriser)

- ◈ Outils Windows (installés dans C:\Windows)
- ◈ Applications métiers (installées dans C:\Program Files\)
- ◈ Dossier de travail de chaque utilisateur (placé dans Documents\WorkSpace)
- ◈ Une Application métier installée dans D:\DevAPPs

QUI (Utilisateur ou groupe d'utilisateurs à autoriser)

- ◈ Tout utilisateur du domaine AD : utilisation du groupe de sécurité AD « Utilisateurs du domaine ».

Les règles à créer auront les caractéristiques suivantes :

Nom règle	Quoi autoriser ?	Type de règle	Type de fichier	Groupe autorisé
%WINDIR% : All	Outils placés dans %WINDIR%	Chemin d'accès	Exécutable	Utilisateurs du domaine
%Program Files% : All	Apps placées dans %ProgramFiles%	Chemin d'accès	Exécutable	Utilisateurs du domaine
WorkSpace : All	C:\Users*\Documents\WorkSpace*	Chemin d'accès	Exécutable	Utilisateurs du domaine
AppMetier : All	App métier placée dans D:\DevAPPs\AppMetier.exe	Hachage	Exécutable	Utilisateurs du domaine
* :LocalADMIN	*	Chemin d'accès	Exécutable	BULTINS\Administrateurs

Nous allons dans l'exemple suivant créer une nouvelle GPO nommée « **AppLocker-PDT-WIN81** ». Elle sera utilisée pour créer des règles de restrictions AppLocker destinées aux postes de travail.

PDT == **P**oste **D**e **T**ravail

Ouvrez une Session sur le DC LABDC01, lancez Windows PowerShell en tant qu'Administrateur et saisissez la commande suivante :

New-GPO –Name AppLocker-PDT-WIN81 –Domain BecomeITExpert.lan

```
Administrateur : Windows PowerShell                    —    □    ×
PS C:\>
PS C:\> New-GPO -Name AppLocker-PDT-WIN81 -Domain BecomeITExpert.lan

DisplayName       : AppLocker-PDT-WIN81
DomainName        : BecomeITExpert.lan
Owner             : BECOMEITEXPERT\Admins du domaine
Id                : 70857d5e-c08e-4a22-95f5-e96c8a1a1396
GpoStatus         : AllSettingsEnabled
Description       :
CreationTime      : 29/01/2017 15:57:56
ModificationTime  : 29/01/2017 15:57:56
UserVersion       : AD Version: 0, SysVol Version: 0
ComputerVersion   : AD Version: 0, SysVol Version: 0
WmiFilter         :


PS C:\>
```

EXERCICE PRATIQUE !

Vous devez éditez la GPO créée précédemment et effectuez les tâches suivantes :

- Créer l'ensemble des règles détaillées dans le tableau ci-haut
- Configurer la mise en application des règles créées
- Configurer le service « identité de l'application » pour démarrer automatiquement
- Lier la GPO « Applocker-PDT-WIN81 » à l'OU contenant l'objet d'Ordinateur AD LABWIN10
- Actualiser le moteur de stratégie de groupe du poste de travail LABWIN10
- Tester les règles de restriction et noter le résultat.

Il s'agit ici d'un exercice pratique pour évaluer les connaissances théoriques et techniques détaillées dans les sections précédentes.

Création des règles AppLocker via Windows PowerShell

Si vous devez créer plusieurs dizaines ou centaines de règles AppLocker, l'utilisation de l'outil GPMC.msc peut rapidement devenir une tâche fastidieuse et peut nécessiter un temps considérable.

Un module PowerShell nommé « AppLocker » est fourni par défaut avec Windows Server 2016, il regroupe 5 Cmd-Lets qui vous permettent de créer, tester et appliquer vos règles AppLocker de la même manière que l'outil graphique GPMC.msc.

Contrairement au mode GUI, le Module « AppLocker » peut être utilisé dans un script PowerShell pour automatiser et accélérer le processus de création et d'implémentation de règles AppLocker au sein d'un ou plusieurs domaines Active Directory.

Le module « AppLocker » regroupe les Cmd-Lets suivantes :

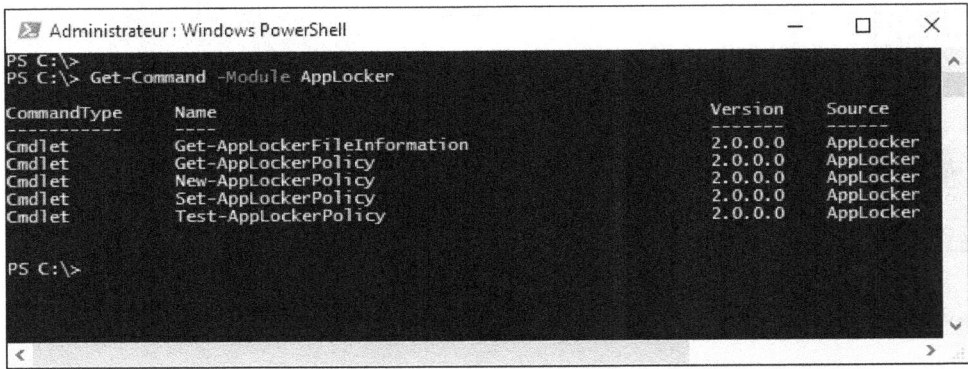

Import du module PowerShell "AppLocker"

Avant de commencer à utiliser les Cmd-Let du module AppLocker, ce dernier doit d'abord être importé. Pour ce faire, lancez Windows PowerShell en tant qu'Administrateur et saisissez :

Import-Module AppLocker

La Cmd-Let ImPort-MOdule peut être remplacée (appelée) par IPMO, la commande devient donc :

IPMO AppLocker

Collecter les informations via Get-AppLockerFileInformation

Nous allons dans l'exemple suivant, collecter les informations dont AppLocker a besoin (Hash, Editeur...) sur une liste d'Apps placées dans le répertoire D:\APPs. Pour ce faire, la Cmd-Let Get-AppLockerFileInformation sera utilisée, voir la commande suivante :

Get-AppLockerFileInformation –Directory "D:\APPs" –Recurse

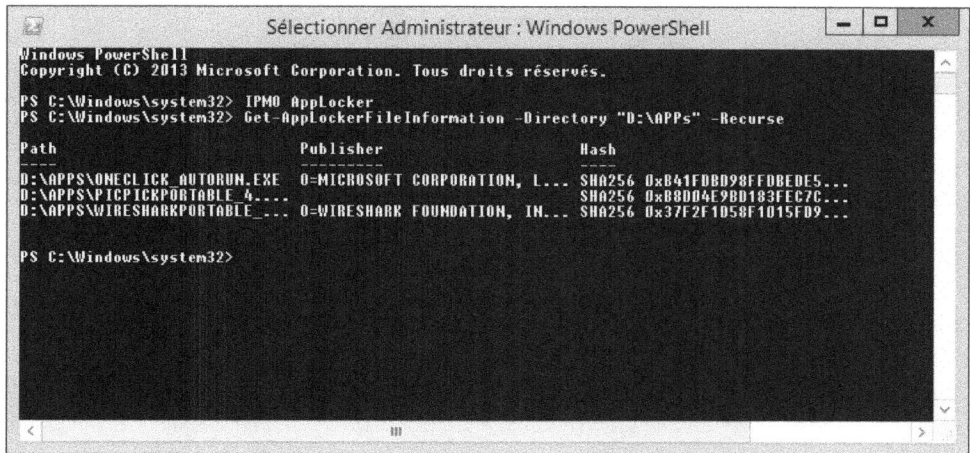

Comme vous pouvez le constater, le résultat retourné ne fait pas apparaître toutes les informations au niveau de chaque colonne (Path, Publisher...). C'est la raison pour laquelle je vous recommande de "Piper" le résultat en utilisant le paramètre "**Out-GridView**", la commande à exécuter devient donc :

Get-AppLockerFileInformation –Directory "D:\APPs" –Recurse | Out-GridView

Le résultat post-exécution de la commande ci-dessus est directement affiché dans la boite de dialogue suivante. Vous pouvez ensuite visualiser toutes les informations collectées en modifiant la taille (largeur) de chaque colonne :

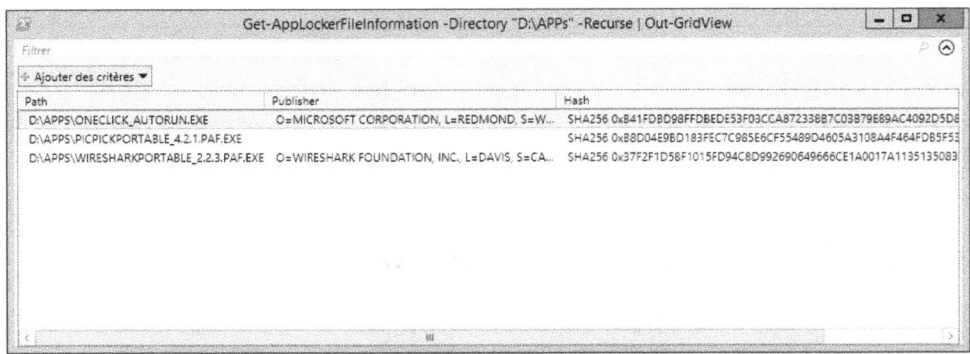

La collecte d'informations via l'utilisation de la Cmd-let Get-AppLockerFileInformation représente une étape très importante car le résultat retourné vous indique les types de règles pris en charge par chaque application analysée. Dans notre exemple, vous devez noter que la deuxième application (PICPICKPORTABLE_4.2.1.PAF.EXE) prenne uniquement en charge des règles AppLocker basées sur :
Path : Chemin d'accès
Hash : Hachage de fichier

Le champ « Publisher » étant vide, vous ne pouvez donc créer une règle AppLocker de type « Publisher » pour l'application « PICPICK ».

Créer et tester les règles AppLocker via New-AppLockerPolicy

Nous allons cette fois-ci utiliser la Cmd-Let New-AppLockerPolicy pour générer /créer, d'une manière automatisée des règles AppLocker pour les applications du dossier D:\APPs

La commande suivante sera utilisée pour autoriser le groupe AD « Tout le monde » à exécuter les trois programmes du dossier « D:\APPs », et ce en s'appuyant sur leur « Hash ». Le résultat de la commande sera exporté vers un fichier XML nommé « D:**APPs.XML** ». Les noms des règles porteront « APPs » comme préfixe.

Get-AppLockerFileInformation -Directory "D:\APPs" -Recurse | New-AppLockerPolicy -RuleType Hash -User "Tout le monde" -RuleNamePrefix "APPs" -XML | Out-File C:\APPs.XML

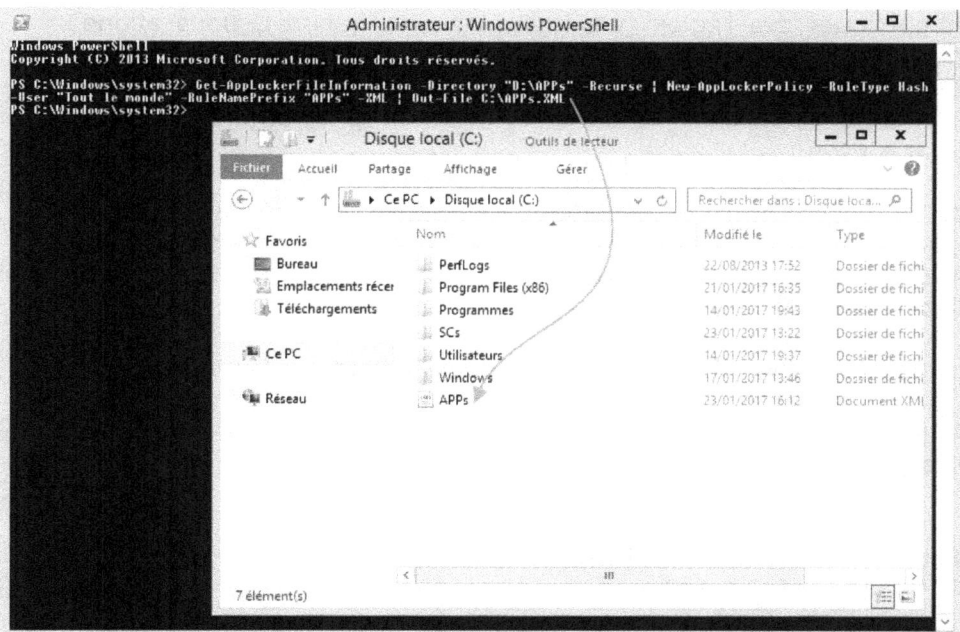

Double-cliquez sur le fichier XML généré pour visualiser son contenu :

Comme illustré dans l'image ci-dessus, trois blocs de code sont générés, chaque bloc correspond à une règle spécifique (trois règles pour les trois programmes du dossier D:\APPs).

Avant d'appliquer ces règles (via le fichier XML généré), nous allons d'abord effectuer un test (simuler l'application des règles) pour nous assurer qu'aucun effet de bord aura lieu après la mise en production de notre stratégie AppLocker et surtout qu'aucun programme ne sera bloqué par « erreur » !

Pour ce faire, la Cmd-Let Test-AppLockerPolicy sera utilisée. Dans l'exemple suivant, nous allons simuler l'exécution des trois programmes **WiresharkPortable_2.2.3.paf.exe /PicPickPortable_4.2.1.paf.exe /OneClick_Autorun.exe**.

Exécutez les trois commandes suivantes depuis Windows PowerShell :

Test-AppLockerPolicy -XmlPolicy C:\APPs.XML -Path D:\APPs\WiresharkPortable_2.2.3.paf.exe

Test-AppLockerPolicy -XmlPolicy C:\APPs.XML -Path D:\APPs\ PicPickPortable_4.2.1.paf.exe

Test-AppLockerPolicy -XmlPolicy C:\APPs.XML -Path D:\APPs\ OneClick_Autorun.exe

Le résultat retourné doit bien indiquer la valeur « **Allowed** » pour « **Autorisé** », voir capture d'écran ci-dessous :

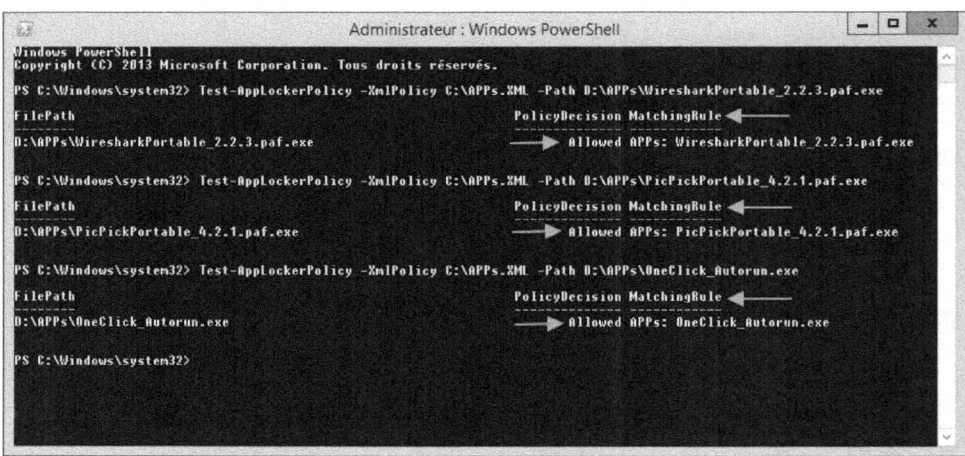

 Il est également indiqué dans le résultat retourné le nom de la règle autorisant l'exécution du programme testé : APPs :********* dans notre exemple.

Maintenant que nos règles sont créées, testées et validées, il ne reste plus qu'à les importer dans une GPO (locale ou du domaine).

La Cmd-Let Set-AppLockerPolicy permet de réaliser cet import à partir du fichier XML (C:\APPs.XML dans notre cas), notez que vous devez d'abord récupérer le **GUID** (**G**lobally **U**nique **I**dentifier) de la GPO dans laquelle vous souhaitez importer vos règles. La Cmd-Let Set-AppLockerPolicy a besoin de cette information pour réaliser l'import correctement.

Le GUID d'une GPO peut être obtenu via l'utilisation de la commande suivante.

Get-GPO –Name Nom_de_la_GPO

Dans l'exemple suivant, nous allons récupérer le GUID de la GPO « AppLocker », la commande devient donc :

Get-GPO –Name AppLocker

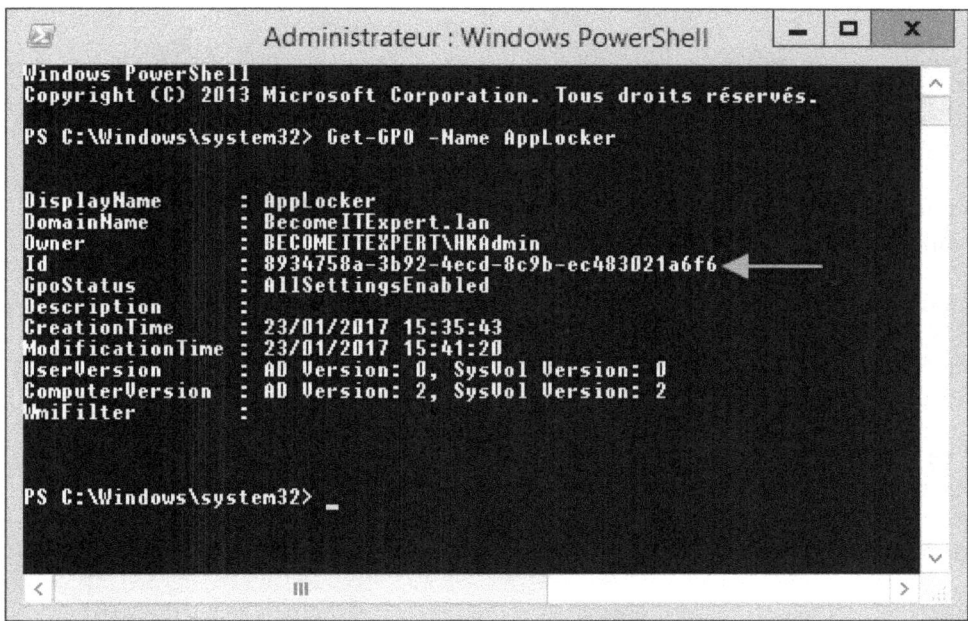

Le GUID correspond à la valeur du champ « **Id** ».

Cette information est également disponible depuis l'outil GPMC.msc
Il suffit de sélectionner la GPO depuis le volet gauche, cliquez sur l'onglet « **Détails** » > « **ID unique** »

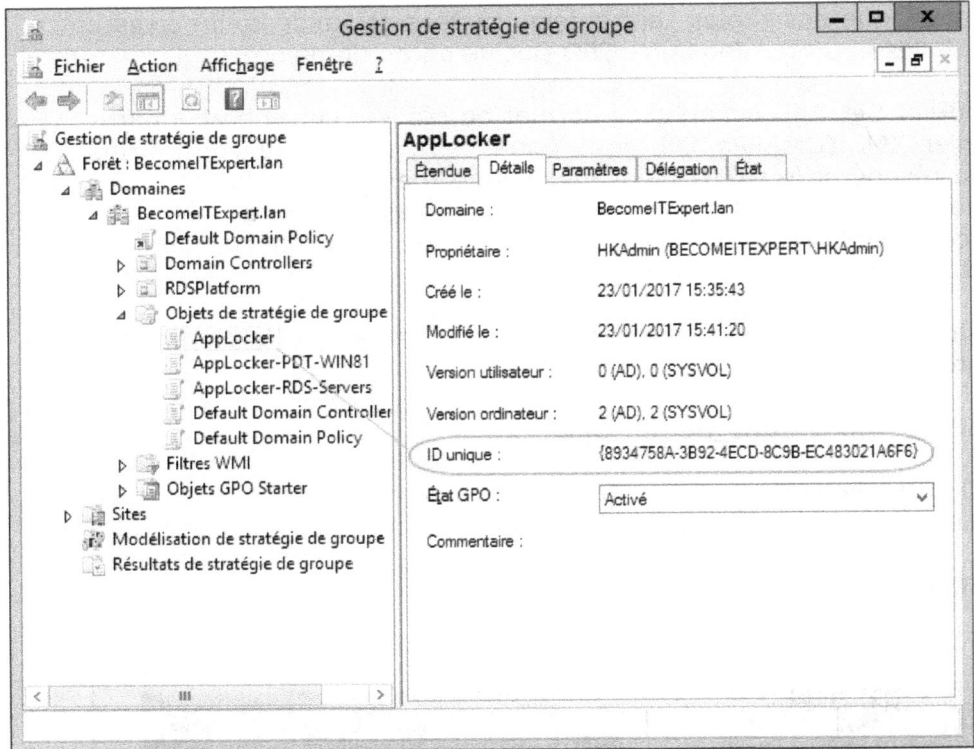

La commande pour importer les règles du fichier C:\APPs.XML dans la GPO « AppLocker » est donc :

Set-AppLockerPolicy –XMLPolicy "C:\APPs.XML" -LDAP "LDAP://LABDC01.BecomeITExpert.lan/CN={8934758a-3b92-4ecd-8c9b-ec483021a6f6},CN=Policies,CN=System, DC=BecomeITExpert,DC=lan"

Editez la GPO depuis l'outil GPMC.msc et naviguez jusqu'au nœud "Applocker". Sélectionnez ensuite "Règles de l'exécutable", enfin constatez l'apparition des trois nouvelles règles générées depuis la commande Set-AppLockerPolicy

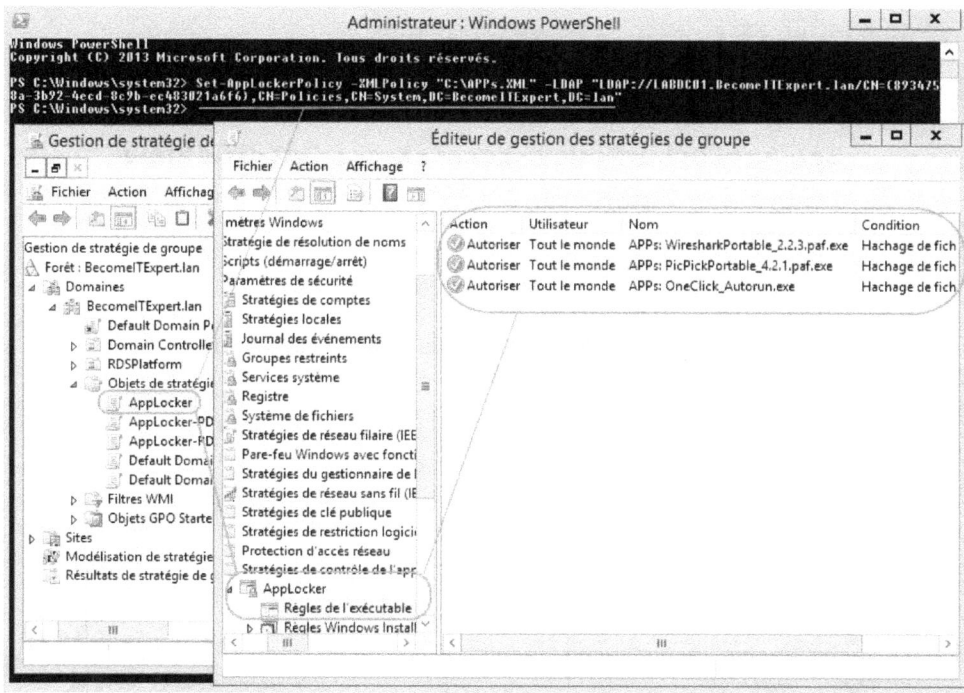

Obtenir la liste des Règles via Get-AppLockerPolicy

La Cmd-Let Get-AppLockerPolicy peut être utilisé pour auditer les stratégies AppLocker existantes. Deux modes existent avec cette Cmd-Let :

Local : le mode local permet de lister les règles AppLocker configurées localement
Domain : le mode Domain permet de lister les règles AppLocker configurées au niveau d'une ou plusieurs GPOs du domaine.

Dans l'exemple suivant, nous allons utiliser cette Cmd-Let pour analyser notre GPO « **Applocker** » hébergée dans le domaine AD
« **BecomeITExpert.lan** », la commande à utiliser est la suivante :

**Get-AppLockerPolicy -Domain -LDAP
"LDAP://LABDC01.BecomeITExpert.lan/CN={8934758a-3b92-
4ecd-8c9b-ec483021a6f6},CN=Policies,CN=System,
DC=BecomeITExpert,DC=lan" –Xml | Out-GridView**

Si vous voulez obtenir la liste des stratégies AppLocker implémentées au niveau d'une machine locale, utilisez la commande suivante :

Get-AppLockerPolicy -Local -Xml | Out-GridView

Utiliser l'option « Générer automatiquement les règles… »

L'option « Générer automatiquement les règles » est disponible sur le Menu Contextuel de chaque type de règle :

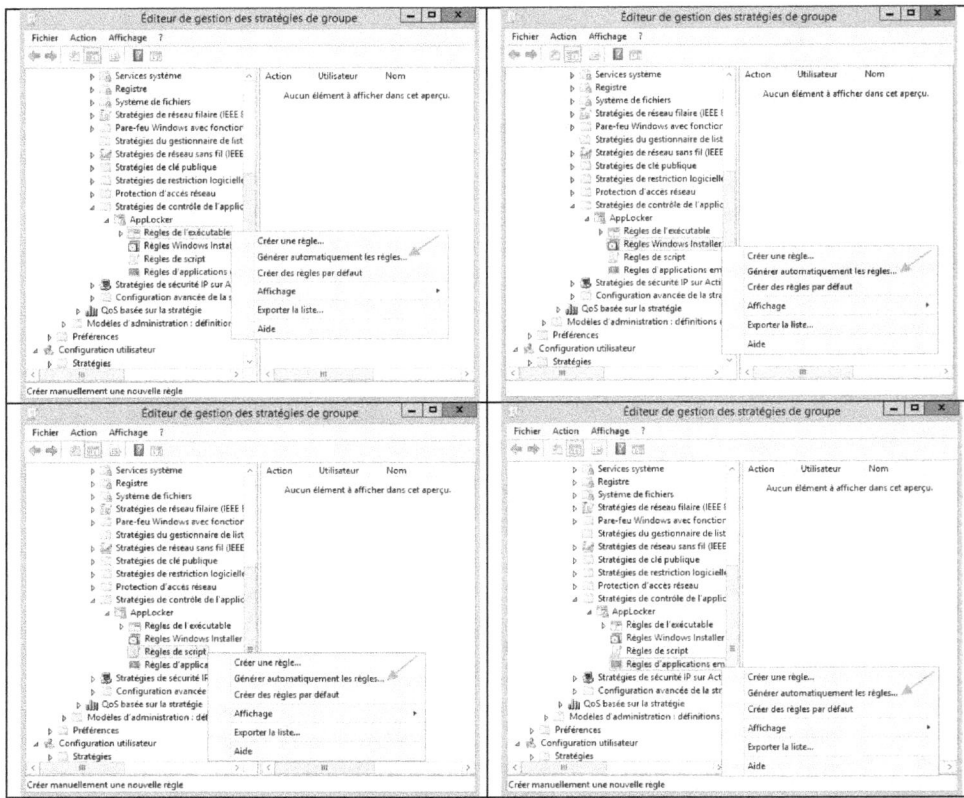

Elle vous permet de créer un groupe de règles à partir d'un dossier spécifique.

Quand vous sélectionnez cette option, la boite de dialogue suivante apparaît et vous propose (par défaut), d'analyser le dossier C:\Pragram Files afin de créer un groupe de règles pour les fichiers qui y sont placés.

De plus, les règles automatiquement générées autorisent (par défaut) le groupe AD « Tout le monde » et porteront le préfixe « Program Files » > e.g **Program Files: Internet Explorer** pour une règle qui autorisera le groupe « Tout le monde » à exécuter l'application C:\Program Files\Internet Explorer\iexplore.exe

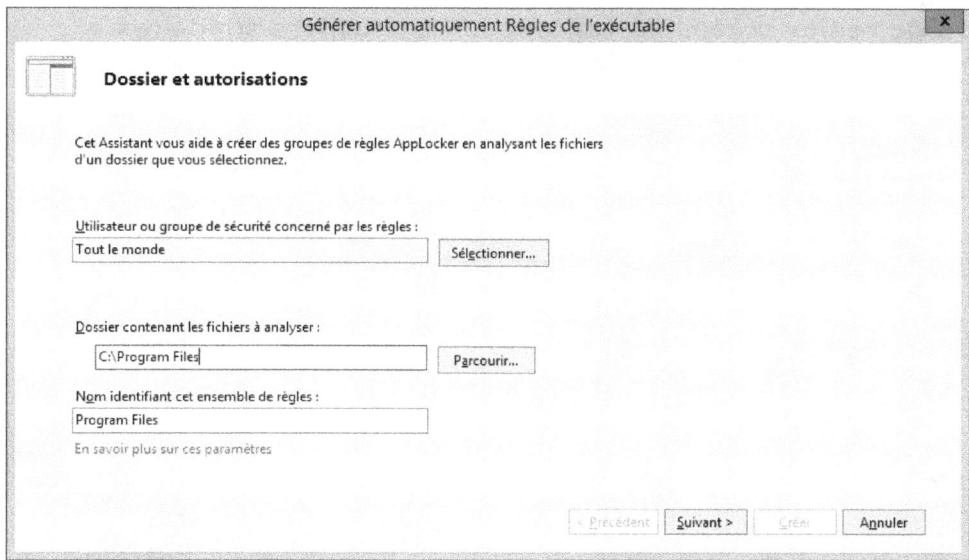

Nous allons dans l'exemple suivant, utilisez cette option pour générer automatiquement des règles AppLocker pour autoriser le groupe AD « Tout le monde » à exécuter les programmes du dossier D:\APPs. De plus, le préfixe « APPs » sera ajouté devant le nom de chaque règle :

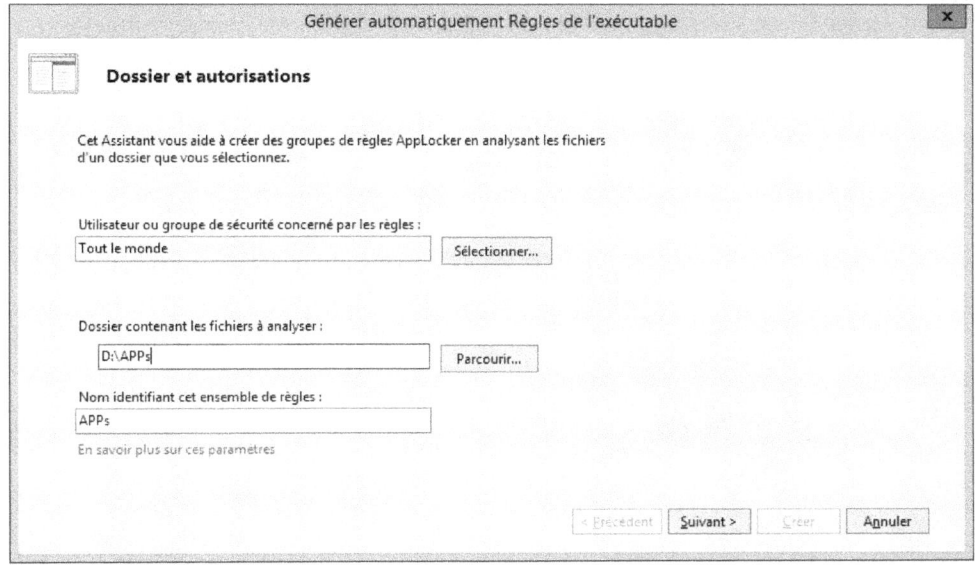

La deuxième étape de l'assistant vous permet de choisir le type de règle à créer. Pour reproduire les règles créées précédemment à l'aide des Cmd-Lets PowerShell, nous sélectionnons l'option « **Créer des règles de hachage de fichier pour tous les fichiers** ». Vous pouvez également créer des règles de type « Editeur ou Chemin d'accès » en cochant une des deux premières options. Enfin, l'option « **Réduire le nombre de règles créées en regroupant les fichiers similaires** » vous permet de consolider et réduire le nombre de règles générées :

Comme illustré dans l'image ci-après, l'assistant a généré une seule règle basée sur le Hachage des trois fichiers du dossier D:\APPs

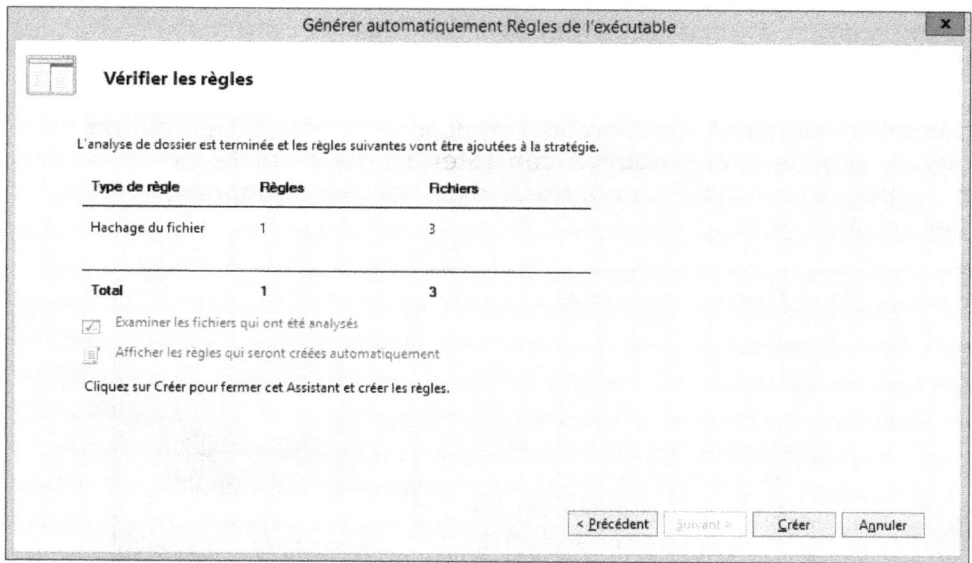

Enfin, vous pouvez vérifier les programmes définis dans votre Whitelist en éditant les propriétés de la règle créée > onglet « **Hachage du fichier** » :

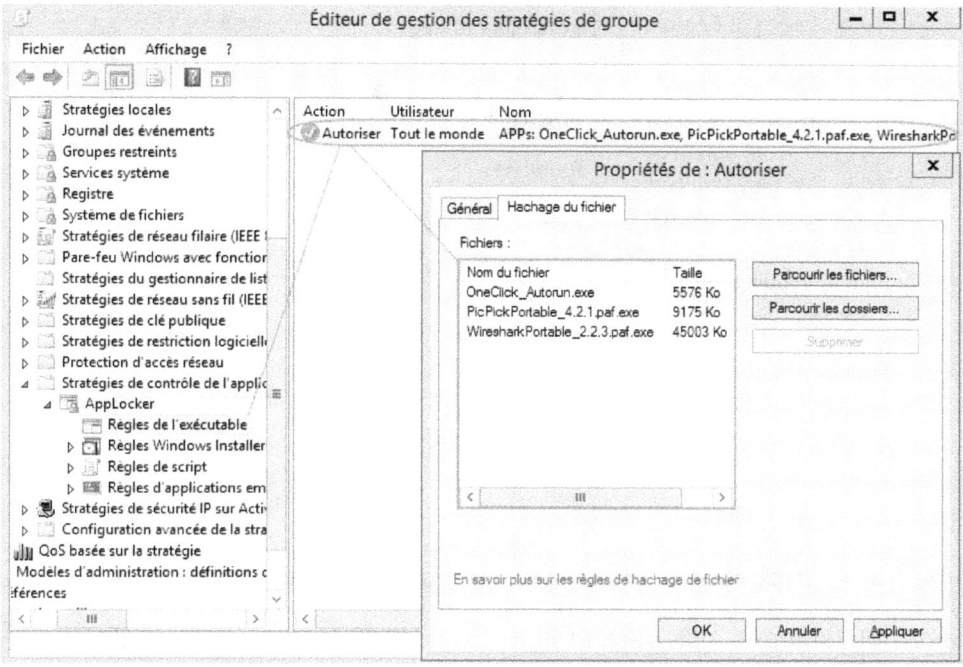

Utiliser les options « Importer | Exporter | Supprimer » les Stratégies AppLocker

Si vous faites un clic-droit sur le nœud « AppLocker » depuis l'éditeur de Stratégie de groupe, vous pouvez constater la disponibilité de trois options vous permettant d'importer, exporter ou supprimer les stratégies (règles) AppLocker :

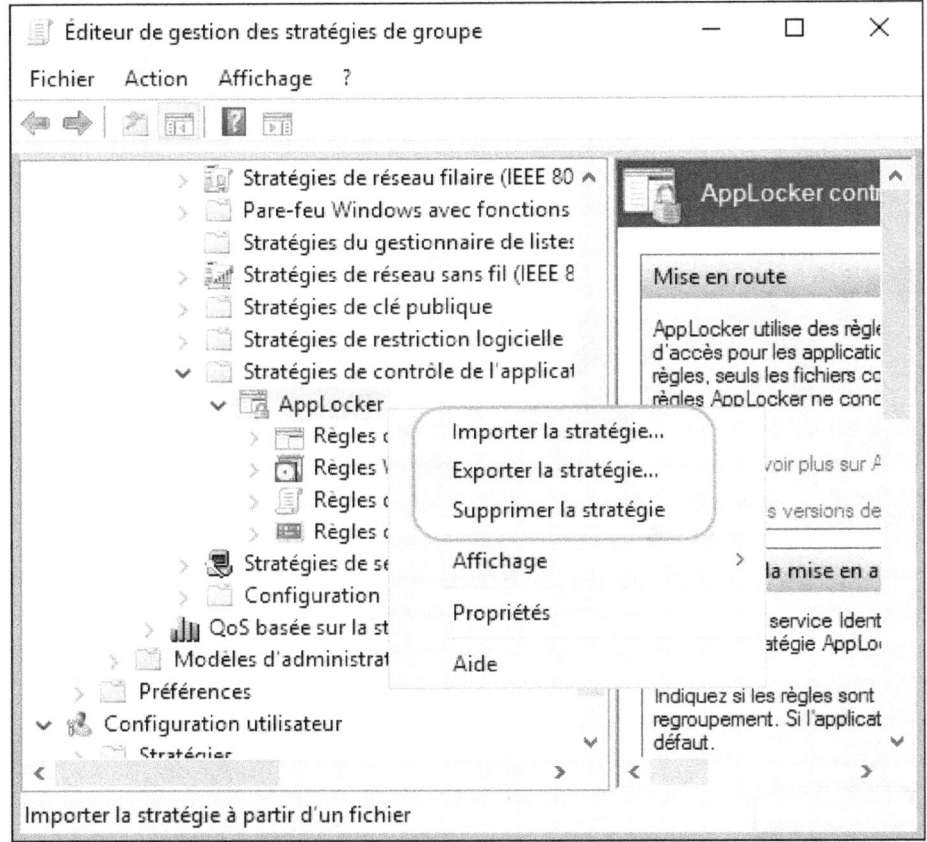

Importer vos règles AppLocker

La commande « **Importer la stratégie...** » vous permet d'importer vos règles AppLocker à partir d'un fichier XML.
Dans l'exemple suivant, elle sera utilisée pour importer nos trois règles à partir du fichier APPs.XML généré dans la section précédente.

Faites un clic-droit sur « AppLocker » et sélectionnez « Importer la stratégie... », importez ensuite le fichier C:\APPs.XML

Le message suivant apparaît et vous informe qu'important votre fichier XML, vous écrasez toutes les règles AppLocker existantes et vous les remplacez par celles importées :

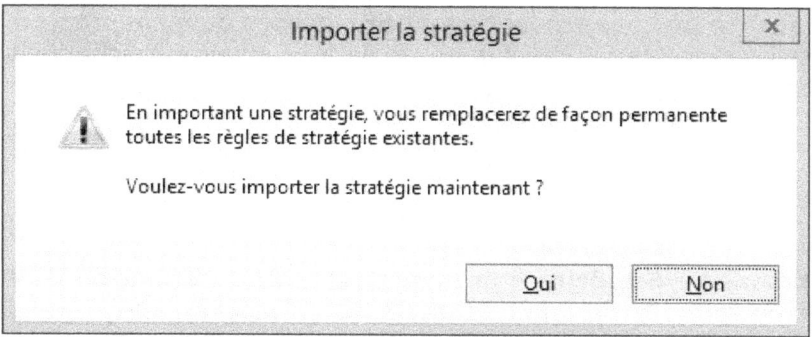

Si vous confirmez l'opération (en cliquant sur « **Oui** »), le message suivant est affiché :

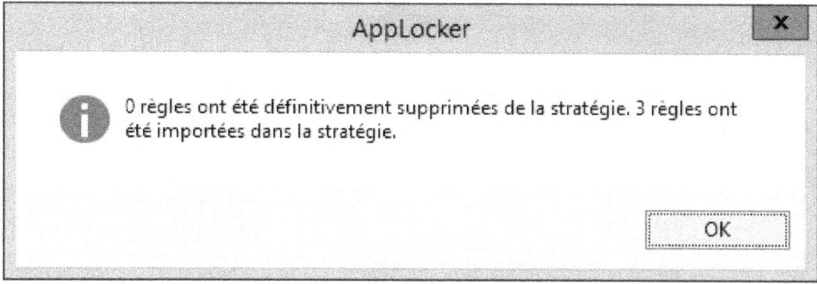

 Si vous devez importer des règles AppLocker sur un environnement de production, assurez-vous d'abord qu'aucune règle n'est en place, cela permet d'éviter la suppression d'une stratégie AppLocker existante !

Exporter vos règles AppLocker

Quant à la commande « Exporter la stratégie… », elle vous permet d'effectuer un export (vers un fichier XML) de toutes les règles AppLocker existantes. Pensez à utiliser cette commande pour les deux scénarios suivants :

Pour sauvegarder vos stratégies AppLocker : vous pouvez exporter vos règles AppLocker vers un fichier XML, stocker ensuite le fichier généré dans un emplacement sauvegardé /protégé. Il pourra être utilisé pour restaurer toutes les règles en cas de problème, et ce via l'utilisation de la commande « Importer la stratégie… »

Pour accélérer le processus d'implémentation de vos stratégies AppLocker sur un nouvel environnement : si vous devez reproduire les mêmes stratégies AppLocker sur un nouveau domaine fraichement déployé, vous pouvez exporter vos règles AppLocker et les importer directement sur une GPO du nouveau domaine AD.

Supprimer vos règles AppLocker

Enfin, la commande « **Supprimer la stratégie** » vous permet de faire un « Reset » de tous les paramètres et règles AppLocker. Les valeurs configurées pour la mise en application ainsi que toute stratégie existante sont supprimées, définitivement. N'utilisez cette commande que si nécessaire !!

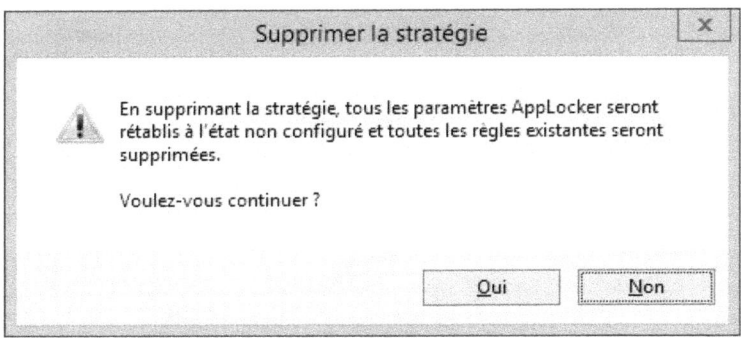

Annexe

Les variables de chemin d'accès utilisées par AppLocker

Le tableau ci-dessous indique les variables utilisées par AppLocker pour désigner les principaux chemins d'accès de Windows. La correspondance avec les variables d'environnement couramment utilisées est également indiquée :

Chemin d'accès	Variable d'Env Windows	Variable AppLocker
Windows	%SystemRoot%	%WINDIR%
System32	%SystemDirectory%	%SYSTEM32%
Lecteur d'installation de Windows	%SystemDrive%	%OSDRIVE%
Répertoire des Programmes	%ProgramFiles% et %ProgramFiles(x86)%	%PROGRAMFILES%
Media amovibles	N.A	%REMOVABLE%
Périphériques de stockage amovibles	N.A	%HOT%

Liens utiles & Références documentaires

Ci-après quelques liens utiles que je vous recommande de consulter si vous voulez en savoir plus sur AppLocker et ses limitations ou simplement découvrir d'autres « Best Practices » qui vous aideront à concevoir votre future infrastructure « AppLocker 2016 » :

https://dfir-blog.com/2016/01/03/protecting-windows-networks-applocker/

http://www.biztechmagazine.com/article/2010/09/applocker-advice

http://www.biztechmagazine.com/article/2012/03/windows-applockers-lockdown-limitations

https://technet.microsoft.com/en-us/itpro/windows/keep-secure/applocker-overview

A propos de l'auteur

Hicham KADIRI est Architecte Spécialiste Infrastructures Microsoft. Il est Microsoft MVP (Microsoft Most Valuable Professional) Cloud and Datacenter Management et certifié Microsoft MCSA, MCSE, MCTS, MCITP et MCT.

Il est en charge de toutes les phases de mise en œuvre des infrastructures systèmes et Virtualisation : conception, maquettage, pilotage et déploiement. Il est aussi référent technique pour les clients grands comptes nationaux et/ou internationaux et participe à des projets d'envergure de migration et de rationalisation d'infrastructure.

Enfin, il transmet au lecteur, à travers ce livre, toute son expertise et retours d'expérience sur le design, déploiement et gestion d'une infrastructure AppLocker sous Windows Server 2016 et Windows 10.

Découvrez mes autres Books /eBooks

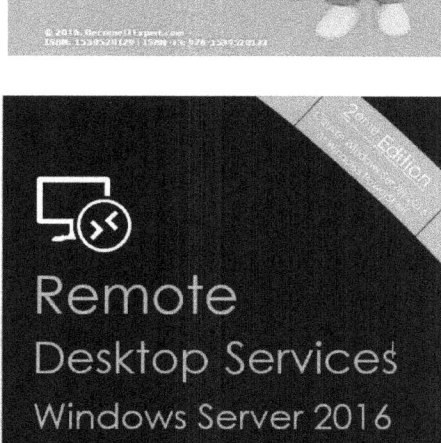

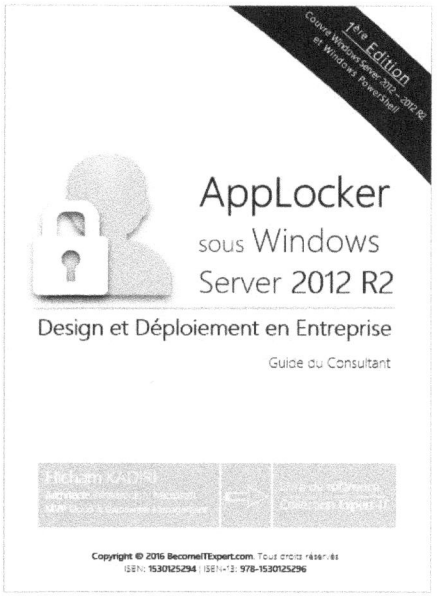

D'autres eBooks sont disponibles sur :
https://BecomeITExpert.com

www.ingramcontent.com/pod-product-compliance
Lightning Source LLC
Chambersburg PA
CBHW080545060326
40689CB00036B/4568